와타시노
일본어 초급

사이토 아케미 저

다락원

와타시노 일본어 초급

지은이 사이토 아케미(齊藤明美)
펴낸이 정규도
펴낸곳 (주)다락원

초판 1쇄 발행 2015년 2월 24일
초판 6쇄 발행 2023년 9월 27일

책임편집 송화록, 손명숙
디자인 장미연, 정규옥
일러스트 버리

다락원 경기도 파주시 문발로 211
내용문의 (02)736-2031 내선 460~465
구입문의 (02)736-2031 내선 250~252
Fax (02)732-2037
출판등록 1977년 9월 16일 제406-2008-000007호

Copyright ⓒ 2015, 사이토 아케미(齊藤明美)

저자 및 출판사의 허락 없이 이 책의 일부 또는 전부를 무단
복제·전재·발췌할 수 없습니다. 구입 후 철회는 회사 내규에 부합하는
경우에 가능하므로 구입문의처에 문의하시기 바랍니다. 분실·파손 등에
따른 소비자 피해에 대해서는 공정거래위원회에서 고시한 소비자 분쟁
해결 기준에 따라 보상 가능합니다. 잘못된 책은 바꿔 드립니다.

ISBN 978-89-277-1120-9 18730

사진제공 Shutterstock, JNTO

http://www.darakwon.co.kr

- 다락원 홈페이지를 방문하시면 상세한 출판 정보와 함께 동영상 강좌,
  MP3 자료 등 다양한 어학 정보를 얻으실 수 있습니다.
- 다락원 홈페이지 자료실에서 MP3 파일(무료)을 다운로드 받으실 수
  있습니다.

이 책은 한국에서 초급일본어를 배우는 학습자를 위해 쓰여진 교과서로, '히라가나', '가타카나' 학습부터 시작할 수 있도록 구성하였습니다. 또한 이 교과서의 각 과 구성은 '학습 포인트', '신출 단어', '회화', '문법과 문형', '체크', '연습문제', '회화 연습', '독해 연습', '문화'로 이루어져 있습니다. 각 과별로, 먼저 '학습 포인트'를 확인하고, 이어서 '회화'에서 나오는 새로운 단어를 학습하여 단어를 파악한 뒤 '회화'를 공부하여 주시기 바랍니다. 그리고 '문법과 문형'에서는 각 과에서 학습하는 문법과 문형이 용례와 함께 나오며, '체크'에서는 그 과에서 학습하는 문형을 포함하는 용례를 확인할 수 있습니다. '연습문제'에서는 학습자의 이해도를 확인할 수 있는 문제가 있습니다. 이러한 연습문제를 풀어봄으로써 기초 지식이 정착된 것을 확인한 뒤 친구들과 함께 '회화 연습'을 해 봅시다. 그 후 '독해 연습'에서는 문장을 읽고 생각하는 학습을 합니다. 마지막으로 일본의 '문화'를 학습할 수 있도록 구성해 두었습니다. 이렇게 다양한 방법으로 일본어를 학습함으로써 '듣기', '말하기', '읽기', '쓰기'의 네 가지 기능을 균형 있게 익힐 수 있습니다.

이상의 구성을 통해 지금까지 일본어를 공부한 적이 없는 사람도, 공부한 적은 있지만 다시 한 번 기초부터 시작하고 싶은 사람에게도 공부하기 쉽도록 군더더기 없이 정리된, 누구나 배우기 쉬운 교과서 입니다. '일본어는 한국어와 비슷한 점이 많아 처음은 쉽게 느껴지지만, 공부하면 할수록 어려워 진다'라는 말을 가끔씩 접하는데, 한 단계 한 단계 확실하게 학습을 해 나간다면 축적된 일본어 실력이 몸에 베어있는 자신을 확인할 수 있을 것이라 확신합니다.

한일 국교 정상화 50주년을 맞이한 2015년에 이와 같은 교과서를 출판할 수 있게 되어 매우 기쁩니다.

마지막으로 이 교과서를 출판하는 데에 여러 모로 협력해 주신 한림대학교 선생님들과 다락원 편집부 여러분에게 깊은 감사의 뜻을 전합니다.

2015년 1월 1일
사이토 아케미(齊藤明美)

이 책 구성과 학습법

본 교재는 한국에서 초급일본어를 배우는 학습자를 위해 쓰여진 교과서로, '히라가나', '가타카나' 학습부터 시작할 수 있도록 구성하였습니다. 지금까지 일본어를 공부한 적이 없는 사람도, 공부한 적은 있지만, 다시 한 번 기초부터 시작하고 싶은 사람에게도 공부하기 쉽도록 군더더기 없이 정리된, 누구나 배우기 쉬운 교과서 입니다.

각 과 구성은 '학습 포인트', '신출 단어', '회화', '문법과 문형', '체크', '연습문제', '회화 연습', '독해 연습', '문화'로 이루어져 있습니다.

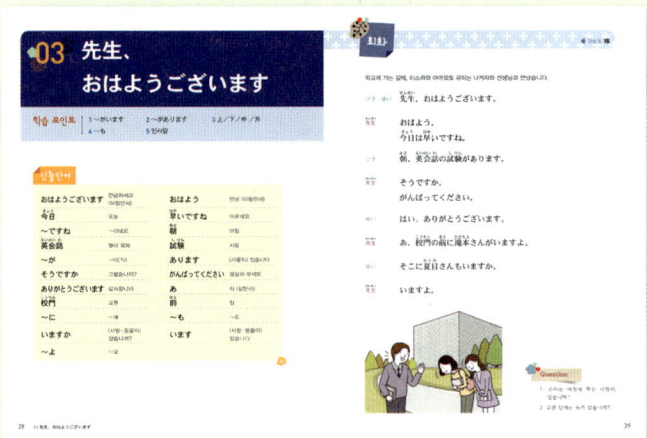

• **학습 포인트**
각 과를 배우기 전에 학습해야 할 포인트를 미리 이해할 수 있습니다.

• **신출단어**
회화에 앞서서, 회화에 나오는 단어와 표현을 실었습니다. 가능한 한 많은 단어를 실었으므로, 빠지지 않고 학습하도록 합시다.

• **회화**
회화는 정중한 표현을 중심으로 학습합니다.

• **문법과 문형**
기본적인 문법과 문형을 예문과 함께 배웁니다. 이해하기 쉽도록 예문에 한국어 번역을 넣었습니다.

• **체크**
각 과에서 배우는 문형이 실려 있습니다. 가능한 한 많은 문형을 학습하도록 합시다.

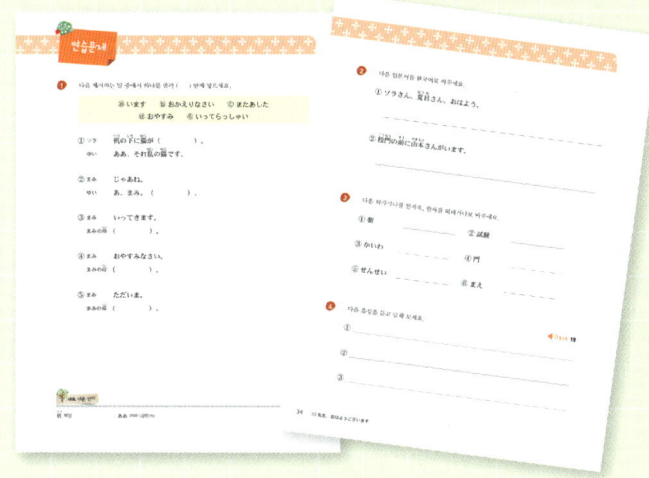

• **연습문제**
'**연습문제 ①**'은 주로 (　　) 안에 적절한 말을 넣는 문제입니다.
'**연습문제 ②**'는 일본어를 한국어로 바꾸는 문제입니다.
'**연습문제 ③**'에서는 각 과에 나오는 한자를 복습하는 문제입니다.
'**연습문제 ④**'에서는 음성을 듣고 질문에 답하는 문제입니다.

• **회화 연습**
친구와 함께 즐겁게 회화 연습을 하도록 합시다. 또, 자신만의 표현을 넣어 회화를 즐겨 보시기 바랍니다.

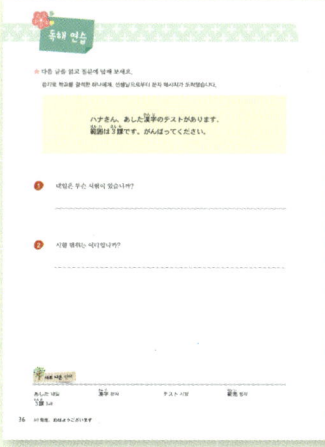

• **독해 연습**
일본어 문장을 읽고 간단한 질문에 답하는 연습을 합니다.

• **문화**
일본의 문화에 대한 내용으로, 한국의 문화와 비교해 봅시다.

머리말		3
이 책의 구성과 학습법		4
교실 일본어		7
01	일본어 문자와 발음	8
02	はじめまして、イ・ソラです	18
03	先生、おはようございます	28
04	かわいくて安いですね	38
05	きれいな曲ですね	52
06	今日はパンにします	66
07	アニメーションを見に行きませんか	76
08	タクシー乗り場はどこですか	86
09	スポーツの中では何がいちばん好きですか	98
10	スプーンは使わないんですか	108
부록 1 회화 해석 및 Question 정답		120
2 연습문제 및 회화 연습·독해 연습 정답		123

교실 일본어

▶ Track 01

<ruby>始<rt>はじ</rt></ruby>めましょう。
시작합시다.

<ruby>見<rt>み</rt></ruby>てください。
봐 주세요.

<ruby>読<rt>よ</rt></ruby>んでください。
읽어 주세요.

<ruby>聞<rt>き</rt></ruby>いてください。
들어 주세요.

<ruby>話<rt>はな</rt></ruby>してください。
이야기해 주세요.

<ruby>書<rt>か</rt></ruby>いてください。
써 주세요.

<ruby>開<rt>ひら</rt></ruby>いてください。
펴 주세요.

<ruby>閉<rt>と</rt></ruby>じてください。
닫아 주세요.

<ruby>暗記<rt>あんき</rt></ruby>してください。
암기해 주세요.

いいですか。
괜찮습니까?

いいですよ。
좋아요.

わかりましたか。
이해되셨습니까?

はい、わかりました。
네, 이해했습니다.

いいえ、わかりません。
아니요, 모르겠습니다.

もういちど<ruby>言<rt>い</rt></ruby>ってください。
다시 한 번 말해 주세요.

もっとゆっくり<ruby>言<rt>い</rt></ruby>ってください。
좀 더 천천히 말해 주세요.

よくできました。
잘 했습니다.

<ruby>休<rt>やす</rt></ruby>みましょう。
쉽시다.

<ruby>終<rt>お</rt></ruby>わりましょう。
끝냅시다.

01 일본어 문자와 발음

I 일본어 문자

1 히라가나(ひらがな)

▶ Track 02

히라가나는 일본 헤이안 시대(平安時代) 초기에 성립한 일본의 독특한 음성문자의 하나입니다. 어원은 한자에서 쓰여진 만요가나(万葉仮名)의 초서체를 간소화한 것으로, 「安→あ」「以→い」「宇→う」와 같다.

히라가나 오십음도(五十音図)

あ a	い i	う u	え e	お o
か ka	き ki	く ku	け ke	こ ko
さ sa	し shi	す su	せ se	そ so
た ta	ち chi	つ tsu	て te	と to
な na	に ni	ぬ nu	ね ne	の no
は ha	ひ hi	ふ fu	へ he	ほ ho
ま ma	み mi	む mu	め me	も mo
や ya		ゆ yu		よ yo
ら ra	り ri	る ru	れ re	ろ ro
わ wa				を wo
				ん n

모양이 비슷해 헷갈리기 쉬운 글자

| き ki | さ sa | ぬ nu | め me | る ru | ろ ro | ね ne | れ re |

2 탁음(濁音)과 반탁음(半濁音)

▶ Track 03

❶ 탁음(濁音)

탁음은 か행, さ행, た행, は행의 우측 상단에 탁점「 ゛」을 표시한 음이다.

が ga	ぎ gi	ぐ gu	げ ge	ご go
ざ za	じ ji	ず zu	ぜ ze	ぞ zo
だ da	ぢ ji	づ zu	で de	ど do
ば ba	び bi	ぶ bu	べ be	ぼ bo

❷ 반탁음(半濁音)

반탁음은 は행의 우측 상단에 반탁점「 ゜」을 표시한 음이다

ぱ pa	ぴ pi	ぷ pu	ぺ pe	ぽ po

발음이 같아 헷갈리기 쉬운 글자

お o	を wo	じ ji	ぢ ji	ず zu	づ zu

3 요음(拗音)

▶ Track 04

요음은 「きゃ, しょ, ちゅ」와 같이 い단의 「き, ぎ, し, じ, ち, に, ひ, び, ぴ, み, り」 글자에 반모음 「や, ゆ, よ」를 작게 붙여 쓴 음이다.

きゃ kya	きゅ kyu	きょ kyo
ぎゃ gya	ぎゅ gyu	ぎょ gyo
しゃ sha	しゅ shu	しょ sho
じゃ ja	じゅ ju	じょ jo
ちゃ cha	ちゅ chu	ちょ cho
にゃ nya	にゅ nyu	にょ nyo
ひゃ hya	ひゅ hyu	ひょ hyo
びゃ bya	びゅ byu	びょ byo
ぴゃ pya	ぴゅ pyu	ぴょ pyo
みゃ mya	みゅ myu	みょ myo
りゃ rya	りゅ ryu	りょ ryo

4 가타카나(カタカナ)

▶ Track 05

가타카나는 일본 헤이안 시대(平安時代) 초기에 불교의 학승들이 한자로 쓰여진 만요가나(万葉仮名)를 간략화해서 사용한 것이 시작이었다고 한다. 현재는 주로 외래어, 의성어, 의태어 등에 사용되고 있다.

가타카나 오십음도(五十音図)

ア a	イ i	ウ u	エ e	オ o
カ ka	キ ki	ク ku	ケ ke	コ ko
サ sa	シ shi	ス su	セ se	ソ so
タ ta	チ chi	ツ tsu	テ te	ト to
ナ na	ニ ni	ヌ nu	ネ ne	ノ no
ハ ha	ヒ hi	フ fu	ヘ he	ホ ho
マ ma	ミ mi	ム mu	メ me	モ mo
ヤ ya		ユ yu		ヨ yo
ラ ra	リ ri	ル ru	レ re	ロ ro
ワ wa				ヲ wo
				ン n

모양이 비슷해 헷갈리기 쉬운 글자

5 탁음(濁音)과 반탁음(半濁音)

▶ Track 06

❶ 탁음(濁音)

탁음은 カ행, サ행, タ행, ハ행의 우측 상단에 탁점「 ゛」을 표시한 음이다.

ガ ga	ギ gi	グ gu	ゲ ge	ゴ go
ザ za	ジ ji	ズ zu	ゼ ze	ゾ zo
ダ da	ヂ ji	ヅ zu	デ de	ド do
バ ba	ビ bi	ブ bu	ベ be	ボ bo

❷ 반탁음(半濁音)

반탁음은 ハ행의 우측 상단에 반탁점「 ゜」을 표시한 음이다

パ pa	ピ pi	プ pu	ペ pe	ポ po

모양이 비슷해 헷갈리기 쉬운 글자

ジ ji	ヅ zu

발음이 같아 헷갈리기 쉬운 글자

ジ ji	ヂ ji	ズ zu	ヅ zu

6 요음(拗音)

요음은 「キャ, ショ, チャ」와 같이 イ단의 「キ, ギ, シ, ジ, チ, ニ, ヒ, ビ, ピ, ミ, リ」글자에 반모음 「ヤ, ユ, ヨ」를 작게 붙여 쓴 음이다.

キャ kya	キュ kyu	キョ kyo
ギャ gya	ギュ gyu	ギョ gyo
シャ sha	シュ shu	ショ sho
ジャ ja	ジュ ju	ジョ jo
チャ cha	チュ chu	チョ cho
ニャ nya	ニュ nyu	ニョ nyo
ヒャ hya	ヒュ hyu	ヒョ hyo
ビャ bya	ビュ byu	ビョ byo
ピャ pya	ピュ pyu	ピョ pyo
ミャ mya	ミュ myu	ミョ myo
リャ rya	リュ ryu	リョ ryo

▶ Track 07

II 일본어 발음

1 장음(長音) ▶ Track 08

일본어의 모음 「あ, い, う, え, お」에는 단음과 장음이 있다. 단음은 1박으로, 장음은 2박의 길이로 간주한다. 히라가나의 경우 「あ」가 1박라고 하면, 「ああ」의 경우는 2박으로 발음한다. 가타카나는 「ー」로 장음을 표시한다. 정확하게 구별해서 발음하지 않으면 의미가 달라지므로 주의해야 한다.

❶ あ단

お**ば**さん 아주머니　　お**ばあ**さん 할머니　　ラ**ー**メン 라면

❷ い단

お**じ**さん 아저씨　　お**じい**さん 할아버지　　ビ**ー**ル 맥주

❸ う단

く き 줄기

く う き 공기

ニュース 뉴스

❹ え단

え 그림

ええ 네

ゲーム 게임

❺ お단

と い 홈통

と お い 멀다

コーヒー 커피

2 촉음(促音)

▶ Track 09

한국어의 받침 역할을 하는 촉음 「っ」는 「つ」를 작게 쓴 것으로, 1박의 길이로 발음하므로 주의해야 한다. 손뼉을 쳐서 박을 세면 알기 쉽다.

さか 언덕

さっか 작가

サッカー 축구

3 요음(拗音)

▶ Track 10

요음은 2개의 문자를 1박의 길이로 발음한다. 이것도 정확하게 발음하지 않으면 의미가 바뀌므로 주의해야 한다.

びよういん 미용실

びょういん 병원

フォーク 포크

4 발음(撥音) ▶ Track 11

「ん」은 어두에는 오지 않고, 1박의 길이로 발음한다.

1. あ행, か행, が행, は행, や행의 음 앞이나 단어의 마지막에 올 때는 [ŋ]으로 발음한다.
   ほんや 서점, 책방   パソコン 컴퓨터   まんが 만화

2. た행, だ행, な행, ら행의 음 앞에서는 [n]으로 발음한다.
   みんな 모두

3. バ행, パ행, ま행의 음 앞에서는 [m]로 발음한다.
   さんま 꽁치

5 악센트(アクセント) ▶ Track 12

일본어의 악센트는 고저 악센트이다. 높은 음과 낮은 음의 발음에 주의합시다.

あめ (雨 비)   あめ (飴 사탕)

はし (箸 젓가락)   はし (橋 다리)

6 억양(イントネーション) ▶ Track 13

일본어의 억양은 「평탄」「상승」「하강」이 있다. 「평탄」조로 말하는 경우가 가장 많으나, 질문을 할 때에는 「상승」으로, 동의하거나 실망했을 때는 「하강」하는 경우가 있다.

明日学校に行きます。（→）내일 학교에 갑니다.
これは何ですか。（↗）이것은 무엇입니까?
そうですね。（↘）그렇네요.

02 はじめまして、イ・ソラです

학습 포인트
1. 인칭대명사　　2. ～は～です　　3. ～の　　4. ～は～ですか
5. ～では(じゃ)ありません　　6. こ・そ・あ・ど

신출단어

先生(せんせい)	선생님, 교수님	みなさん	여러분
こちら	이쪽	～は	～은/는
留学生(りゅうがくせい)	유학생	～の	～의, ～인
～さん	～씨	～です	～입니다
はじめまして	처음 뵙겠습니다	私(わたし)	나, 저
なまえ	이름	どうぞ	아무쪼록
よろしく	잘, 잘 부탁해요	おねがいします	부탁합니다
日本学科(にほんがっか)	일본학과	～ですか	～입니까?
はい	네, 예	そうです	그렇습니다
こちらこそ	저야말로		

회화

나카자와 선생님이 교실에서 유학생인 이소라를 소개합니다.

中沢先生 みなさん、こちらは留学生のイ・ソラさんです。

イ・ソラ はじめまして。
私のなまえはイ・ソラです。
どうぞ、よろしくおねがいします。

山本ゆい イさんは、日本学科ですか。

イ・ソラ はい、そうです。

山本ゆい よろしくおねがいします。

イ・ソラ こちらこそ、よろしくおねがいします。

Question

1. 유학생의 이름은 무엇입니까?
2. 유학생은 무슨 학과입니까?

문법과 문형

1 인칭대명사

1인칭	私(나, 저) / わたくし (저) / ぼく (나)
2 인칭	あなた (당신) / きみ (자네, 너)
3 인칭	彼 (그) / 彼女 (그녀)
부정칭	誰 (누구)

2 〜は〜です   〜은(는) 〜입니다

예 彼女は中村さんです。 그녀는 나카무라 씨입니다.
　 彼は中国学科です。 그는 중국학과입니다.

3 〜の   〜의, 〜인

「日本語の先生」는 한국어로는 '일본어 선생님'으로, '의'는 해석하지 않습니다. 「の」의 사용에 주의해 주세요.

예 これは私のスマートフォンです。 이것은 제 스마트 폰입니다.
　 私の弟は中学生です。 제 남동생은 중학생입니다.

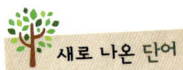
새로 나온 단어

中国学科 중국학과　　日本語 일본어　　これ 이것　　スマートフォン 스마트폰
弟 남동생　　中学生 중학생

4 〜は〜ですか 〜은(는) 〜입니까?

예
- **A** 佐藤さん**は**3年生**ですか**。 사토 씨는 3학년입니까?
- **B** はい、そうです。 네, 그렇습니다.
- **A** 彼**は**サッカー部**ですか**。 그는 축구부입니까?
- **B** いいえ、そうではありません。 아니요, 그렇지는 않습니다.

5 〜では(じゃ)ありません 〜이(가) 아닙니다

예
- アビさんは学生**では(じゃ)ありません**。 아비 씨는 학생이 아닙니다.
- キムさんは日本人**では(じゃ)ありません**。 김 씨는 일본인이 아닙니다.

6 こ・そ・あ・ど 지시어

	こ	そ	あ	ど
물건	これ (이것)	それ (그것)	あれ (저것)	どれ (어느 것)
물건·사람	この (이)	その (그)	あの (저)	どの (어느)
장소	ここ (여기)	そこ (거기)	あそこ (저기)	どこ (어디)
방향·장소	こちら(이쪽)	そちら(그쪽)	あちら (저쪽)	どちら (어느 쪽)

예
- **これ**は何ですか。 이것은 무엇입니까?
- **それ**はUSBです。 그것은 USB입니다.

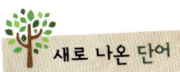
새로 나온 단어

| 3年生 3학년 | サッカー部 축구부 | いいえ 아니요 | 学生 학생 |
| 日本人 일본인 | 何 무엇 | USB USB | |

1 | 첫 만남과 소개

1 | ソラ　はじめまして。
　　　　イ・ソラです。よろしくおねがいします。
　　山本　山本です。こちらこそ、よろしくおねがいします。

2 | 山口　パクさん、こちらは小林さんです。
　　パク　パクです。よろしくおねがいします。

3 | 滝本　滝本です。国文科の２年生です。
　　ソラ　ソラです。よろしくおねがいします。

2 | 명사문에 대한 표현

1 | 山本　田中さんは日本学科ですか。
　　田中　はい、そうです。

2 | パク　小林さんは学生ですか。
　　小林　いいえ、私は学生じゃありません。会社員です。

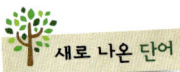

| 国文科 국문과 | ２年生 2학년 | 会社員 회사원 |

연습문제

1 다음 제시하는 말 중에서 하나를 골라 (   ) 안에 넣으세요.

ⓐ は   ⓑ です   ⓒ では   ⓓ の   ⓔ はい

① ゆい　はじめまして、山本ゆい（　　　　）。
　　　　どうぞ、よろしくおねがいします。
　ソラ　イ・ソラです。
　　　　こちらこそ、よろしくおねがいします。

② りく　ソラさんは英文科ですか。
　ハナ　いいえ、英文科（　　　　）ありません。
　　　　日本学科です。

③ みか　これは誰（　　　　）本ですか。
　ゆい　それは私の本です。

④ みか　ソラさんは日本学科ですか。
　ソラ　（　　　　）、そうです。

英文科 영문과　　　　本 책

2 다음 일본어를 한국어로 바꾸세요.

① はじめまして、イ・ソラです。

_____

② どうぞ、よろしくおねがいします。

_____

3 다음 히라가나를 한자로, 한자를 히라가나로 바꾸세요.

① 会社員 _____ ② がくせい _____

③ 中国学科 _____ ④ わたし _____

⑤ 日本学科 _____ ⑥ こくぶんか _____

4 다음 음성을 듣고 답해 보세요.   Track **15**

① _____

② _____

③ _____

회화 연습

❋ 두 사람이 짝이 되어 밑줄 친 부분의 단어를 바꿔 말해 보세요.　　Track **16**

1

ⓐ はじめまして。ⓐ<u>イ・ハナ</u>です。
　　よろしくおねがいします。
ⓑ ⓑ<u>山本まり</u>です。
　　こちらこそ、よろしくおねがいします。

1. ⓐ 小林チエ　　　　ⓑ 滝本つよし
2. ⓐ キム・ユンジ　　ⓑ 坂本まみ
3. ⓐ ＿＿＿＿＿＿＿　ⓑ ＿＿＿＿＿＿＿

Track **17**

2

ⓐ ⓐ<u>山田さん</u>は ⓑ<u>社会学科</u>ですか。
ⓑ はい、そうです。

1. ⓐ 中野さん　　　　ⓑ 心理学科
2. ⓐ 中村さん　　　　ⓑ 経営学科
3. ⓐ ＿＿＿＿＿＿＿　ⓑ ＿＿＿＿＿＿＿

 새로 나온 단어

社会学科 사회학과　　　心理学科 심리학과　　　経営学科 경영학과

독해 연습

✽ 다음 글을 읽고 질문에 답해 보세요.

애니메이션 동아리 선배인 고지로부터 유이에게 문자 메시지가 왔습니다.

> メッセージ
>
> ことしの留学生は韓国の人です。
> なまえはキム・ヨンジュさんです。
>
> こうじ

1 올해 유학생은 중국인입니까?

_____

2 유학생의 이름은 무엇입니까?

_____

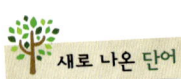

| メッセージ 메시지 | ことし 올해, 금년 | 韓国 한국 | 人 사람 |

일본의 가족 소개

일본어로 자기 가족을 소개할 때는 「저의 母(어머니), 父(아버지), 兄(형, 오빠), 姉(누나, 언니), 弟(남동생), 妹(여동생)」라고 한다. 하지만, 실제로 부를 때에는 「お母さん(어머니), お父さん(아버지), お兄さん(형, 오빠), お姉さん(누나, 언니)」이라 부른다. 그런데, 본인의 남동생과 여동생에게는 「弟さん, 妹さん」이라고 부르지는 않으니 재미있죠? 또, 다른 사람의 가족에 대하여 말할 때에는 「○○의 お父さん(아버지), お母さん(어머니), お姉さん(누나, 언니), 弟さん(남동생), 妹さん(여동생)」이라고 한다. 조금 복잡하죠? 弟さん, 妹さん은 앞에 「お」가 붙지 않는 것에도 주의해야 되겠죠? 「お」가 붙지 않는 말에는 「娘さん(따님)」「息子さん(아드님)」의 경우도 같다.

	나의 가족	다른 사람의 가족
할아버지	祖父(そふ)	お祖父(じい)さん
할머니	祖母(そぼ)	お祖母(ばあ)さん
아버지	父(ちち)	お父(とう)さん
어머니	母(はは)	お母(かあ)さん
형	兄(あに)	お兄(にい)さん
누나	姉(あね)	お姉(ねえ)さん
남동생	弟(おとうと)	弟(おとうと)さん
여동생	妹(いもうと)	妹(いもうと)さん
아들	息子(むすこ)	息子(むすこ)さん
딸	娘(むすめ)	娘(むすめ)さん

03 先生、おはようございます

학습 포인트
1 ～がいます   2 ～があります   3 上／下／中／外
4 ～も   5 인사말

신출단어

おはようございます	안녕하세요 (아침인사)	おはよう	안녕 (아침인사)
今日(きょう)	오늘	早(はや)いですね	이르네요
～ですね	～이네요	朝(あさ)	아침
英会話(えいかいわ)	영어 회화	試験(しけん)	시험
～が	～이(가)	あります	(사물이) 있습니다
そうですか	그렇습니까?	がんばってください	열심히 하세요
ありがとうございます	감사합니다	あ	아 (감탄사)
校門(こうもん)	교문	前(まえ)	앞
～に	～에	～も	～도
いますか	(사람·동물이) 있습니까?	います	(사람·동물이) 있습니다
～よ	～요		

 회화

학교에 가는 길에, 이소라와 야마모토 유이는 나카자와 선생님과 만났습니다.

ソラ・ゆい　先生、おはようございます。

先生　おはよう。
　　　今日は早いですね。

ソラ　朝、英会話の試験があります。

先生　そうですか。
　　　がんばってください。

ゆい　はい。ありがとうございます。

先生　あ、校門の前に滝本さんがいますよ。

ゆい　そこに夏目さんもいますか。

先生　いますよ。

Question

1. 소라는 아침에 무슨 시험이 있습니까?
2. 교문 앞에는 누가 있습니까?

문법과 문형

1 ～がいます   ～가 있습니다

「います」는「学生がいます(학생이 있습니다)」「犬がいます(개가 있습니다)」와 같이 존재하는 주체가 스스로 이동할 수 있는 사람이나 동물에게 사용합니다.「います」의 반대는「いません(없습니다)」입니다.

예
校門の前に山本さんがいます。
교문 앞에 야마모토 씨가 있습니다.

テーブルの下に猫がいます。
테이블 아래에 고양이가 있습니다.

2 ～があります   ～가 있습니다

「あります」는「本があります(책이 있습니다)」「花があります(꽃이 있습니다)」와 같이 주체가 스스로 이동하지 않는 물건이나 식물 등에 사용합니다. 또한「授業があります(수업이 있습니다)」같이 사용할 수도 있습니다.「あります」의 반대는「ありません(없습니다)」입니다.

예
コンビニの隣に薬局があります。
편의점 옆에 약국이 있습니다.

日本語の授業があります。
일본어 수업이 있습니다.

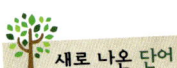
새로 나온 단어

犬 개　　　　　　　テーブル 테이블　　　　下 아래, 밑　　　　猫 고양이
花 꽃　　　　　　　授業 수업　　　　　　　コンビニ 편의점　　隣 옆
薬局 약국　　　　　日本語 일본어

3 　上／下／中／外

위치 표현

上 (위)	下 (아래)	中 (안, 가운데)	外 (밖)
前 (앞)	後ろ (뒤)	右 (오른쪽)	左 (왼쪽)
横 (옆)	隣 (옆)	そば (곁, 옆)	

예　テーブルの上にりんごがあります。
테이블 위에 사과가 있습니다.

　　箱の外に猫がいます。
상자 밖에 고양이가 있습니다.

　　花瓶の右に花があります。
꽃병 오른쪽에 꽃이 있습니다.

　　コーヒーカップの前にスプーンがあります。
커피잔 앞에 숟가락이 있습니다.

4 　～も　～도

예　校門の前に滝本さんもいますか。
교문 앞에 다키모토 씨도 있습니까?

　　坂本さんは学生です。山本さんも学生です。
사카모토 씨는 학생입니다. 야마모토 씨도 학생입니다.

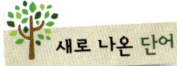 새로 나온 단어

りんご 사과　　　　　箱 상자　　　　　花瓶 꽃병　　　　　コーヒーカップ 커피잔
スプーン 스푼, 숟가락

체크

1 인사말 표현

1 | 아침 인사
おはようございます。
おはよう。

2 | 점심 인사
こんにちは。

3 | 저녁 인사
こんばんは。

4 | 자기 전 인사
おやすみなさい。
おやすみ。

5 | 외출할 때 인사
いってきます。
いってらっしゃい。

6 | 집에 돌아올 때 인사
ただいま。
おかえりなさい。
おかえり。

7 | 헤어질 때 인사
さようなら。
じゃあね。
また明日(あした)。
バイバイ。

8 | 격려하는 말
がんばってください。
がんばれ。

9 | 사과하는 말
すみません。
ごめんなさい。

연습문제

1 다음 제시하는 말 중에서 하나를 골라 (　) 안에 넣으세요.

> ⓐ います　　ⓑ おかえりなさい　　ⓒ またあした
> ⓓ おやすみ　　ⓔ いってらっしゃい

① ソラ　　机の下に猫が（　　　）。
　 ゆい　　ああ、それ私の猫です。

② まみ　　じゃあね。
　 ゆい　　あ、まみ。（　　　）。

③ まみ　　いってきます。
　 まみの母　（　　　）。

④ まみ　　おやすみなさい。
　 まみの母　（　　　）。

⑤ まみ　　ただいま。
　 まみの母　（　　　）。

 새로 나온 단어

机 책상　　　　　　ああ 아아 (감탄사)

2 다음 일본어를 한국어로 바꾸세요.

① ソラさん、夏目(なつめ)さん、おはよう。

_____

② 校門(こうもん)の前(まえ)に山本(やまもと)さんがいます。

_____

3 다음 히라가나를 한자로, 한자를 히라가나로 바꾸세요.

① 朝 _____   ② 試験 _____

③ かいわ _____   ④ 門 _____

⑤ せんせい _____   ⑥ まえ _____

4 다음 음성을 듣고 답해 보세요.　　　　　　　　　　🔊 Track **19**

① _____

② _____

③ _____

회화 연습

✽ 두 사람이 짝이 되어 밑줄 친 부분의 단어를 바꿔 말해 봅시다.　　Track 20

1

Ⓐ ⓐ箱の中に何がいますか。
Ⓑ ⓑ猫がいます。

1. ⓐ 箱の外　　　ⓑ 子犬
2. ⓐ かごの中　　ⓑ 鳥
3. ⓐ ＿＿＿＿＿　ⓑ ＿＿＿＿＿

Track 21

2

Ⓐ 机の ⓐ上に何がありますか。
Ⓑ ⓑスマートフォンがあります。

1. ⓐ 下　　ⓑ かばん
2. ⓐ 横　　ⓑ 窓
3. ⓐ ＿＿＿＿＿　ⓑ ＿＿＿＿＿

새로 나온 단어

子犬 강아지　　かご 바구니　　鳥 새　　かばん 가방
窓 창문

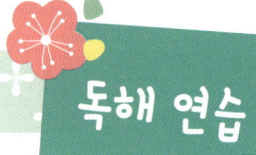

독해 연습

✽ 다음 글을 읽고 질문에 답해 보세요.

감기로 학교를 결석한 하나에게, 선생님으로부터 문자 메시지가 도착했습니다.

> ハナさん、あした漢字(かんじ)のテストがあります。
> 範囲(はんい)は3課(さんか)です。がんばってください。

1 내일은 무슨 시험이 있습니까?

_____

2 시험 범위는 어디입니까?

_____

あした 내일   漢字(かんじ) 한자   テスト 시험   範囲(はんい) 범위
3課(さんか) 3과

문화

인사말

한국에서는 아침에, 그리고 낮과 밤에도 「안녕」 「안녕하세요」이라고 인사를 하죠.
그런데, 일본에서는 아침에는 「おはよう(안녕)」 「おはようございます(안녕하십니까?)」, 낮에는 「こんにちは(안녕하십니까?)」, 밤에는 「こんばんは(안녕하십니까?)」라고 시간대별로 인사말이 다릅니다. 그리고 친구에게는 「おはよう(안녕)」라고 하고, 윗사람 혹은 공식적인 자리에서는 「おはようございます(안녕하십니까?)」라고 인사를 합니다. 발음대로 「こんにちわ」 「こんばんわ」가 아니라 「こんにちは」 「こんばんは」라고 쓰는 것은, 옛날에 「오늘은(こんにちは) 날씨가 좋군요」 「오늘 밤은(こんばんは) 비가 내릴 것 같네요」와 같이 「こんにちは」 「こんばんは」 뒤에 날씨 이야기 등이 계속되었던 것이 생략되었기 때문으로 전해지고 있습니다. 「おはよう(아침 인사)」 「こんにちは(낮 인사)」 「こんばんは(저녁 인사)」로 인사하는 시간은 정확하게 나누어진 것은 아니고, 먼저 인사하는 사람이 「こんにちは」라고 하면 「こんにちは」, 「こんばんは」라고 하면 「こんばんは」라고 대답하는 것이 일반적입니다.

04 かわいくて安いですね

학습 포인트
1 い형용사　　2 (い형용사)〜くて　　3 〜をください
4 〜ね　　5 〜よ　　6 숫자　　7 조수사

신출단어

店員(てんいん)	점원, 종업원	いらっしゃいませ	어서 오세요
白(しろ)い	하얗다, 희다	パンプス	펌프스(구두)
どうですか	어떻습니까?	かわいい	귀엽다
〜ね	〜네요	いくら	얼마
5000円(ごせんえん)	5천 엔	20%(にじゅっパーセント)	20%
〜引(び)き	깎음, 할인	〜よ	〜에요
安(やす)い	(값이) 싸다	〜くて	〜하고, 〜해서
〜を	〜을(를)	ください	주세요

와타시노
일본어 초급

일본어 가나 쓰기

다락원

가나 오십음도

히라가나 ひらがな

단＼행	あ행	か행	さ행	た행	な행
あ단	あ [a]	か [ka]	さ [sa]	た [ta]	な [na]
い단	い [i]	き [ki]	し [shi]	ち [chi]	に [ni]
う단	う [u]	く [ku]	す [su]	つ [tsu]	ぬ [nu]
え단	え [e]	け [ke]	せ [se]	て [te]	ね [ne]
お단	お [o]	こ [ko]	そ [so]	と [to]	の [no]

가타카나 カタカナ

단＼행	ア행	カ행	サ행	タ행	ナ행
ア단	ア [a]	カ [ka]	サ [sa]	タ [ta]	ナ [na]
イ단	イ [i]	キ [ki]	シ [shi]	チ [chi]	ニ [ni]
ウ단	ウ [u]	ク [ku]	ス [su]	ツ [tsu]	ヌ [nu]
エ단	エ [e]	ケ [ke]	セ [se]	テ [te]	ネ [ne]
オ단	オ [o]	コ [ko]	ソ [so]	ト [to]	ノ [no]

は행	ま행	や행	ら행	わ행	
は [ha]	ま [ma]	や [ya]	ら [ra]	わ [wa]	
ひ [hi]	み [mi]		り [ri]		
ふ [fu]	む [mu]	ゆ [yu]	る [ru]		
へ [he]	め [me]		れ [re]		
ほ [ho]	も [mo]	よ [yo]	ろ [ro]	を [wo]	ん [n]

ハ행	マ행	ヤ행	ラ행	ワ행	
ハ [ha]	マ [ma]	ヤ [ya]	ラ [ra]	ワ [wa]	
ヒ [hi]	ミ [mi]		リ [ri]		
フ [fu]	ム [mu]	ユ [yu]	ル [ru]		
ヘ [he]	メ [me]		レ [re]		
ホ [ho]	モ [mo]	ヨ [yo]	ロ [ro]	ヲ [wo]	ン [n]

1. 청음

 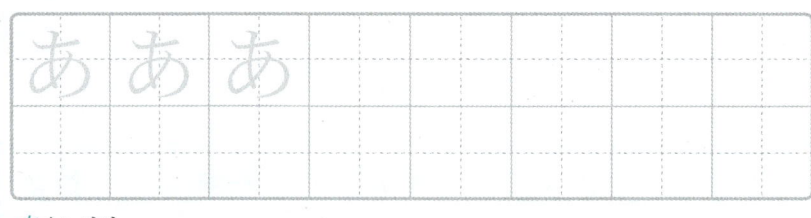
あい 사랑

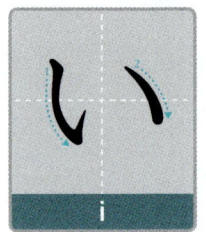 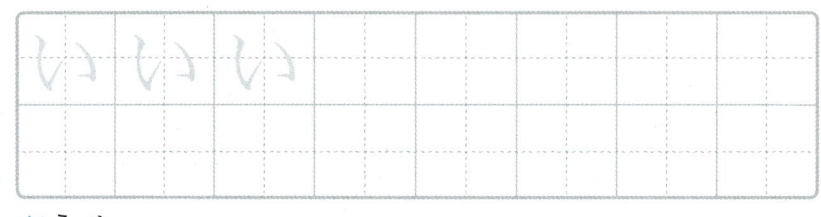
いえ 집

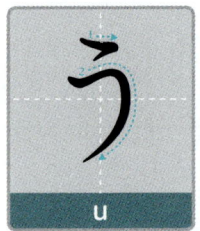 
うえ 위

 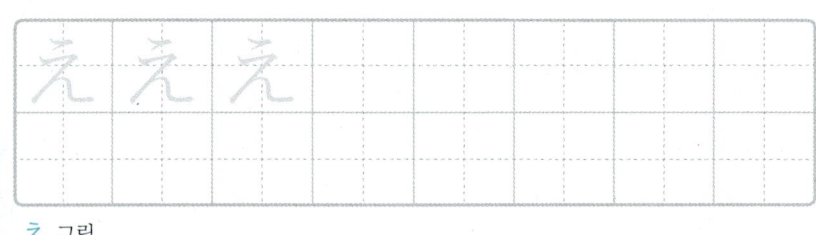
え 그림

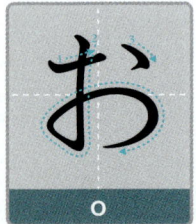 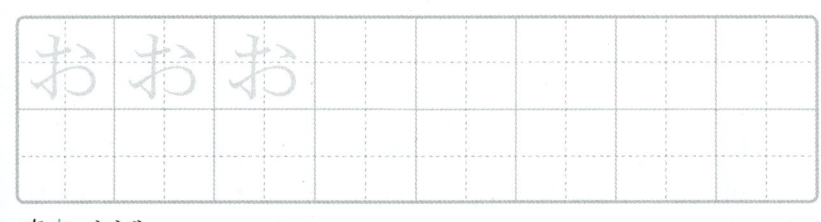
あお 파란색

청음 あ 행

ア メリカ 미국

イ タリア 이탈리아

ブラ ウ ス 블라우스

エ アメール 항공 우편

オ ルゴール 오르골

 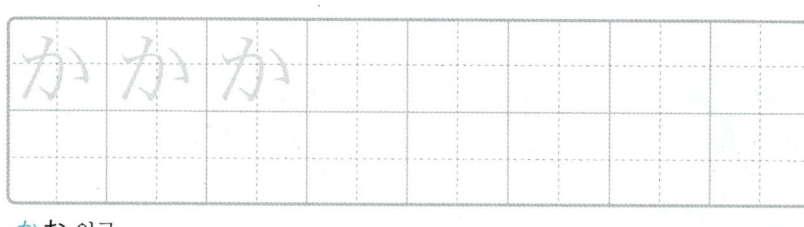

かお 얼굴

 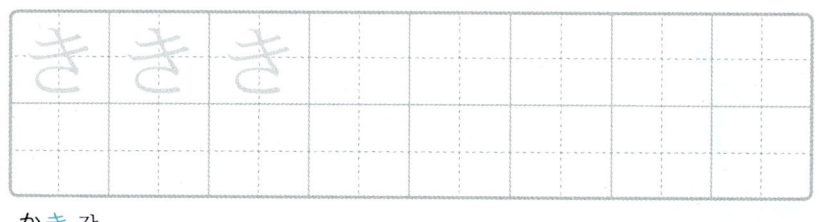

かき 감

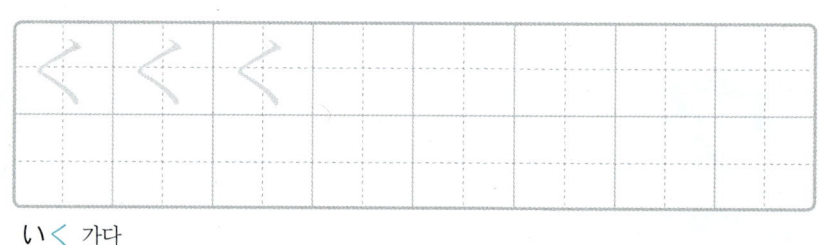

いく 가다

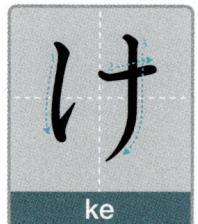 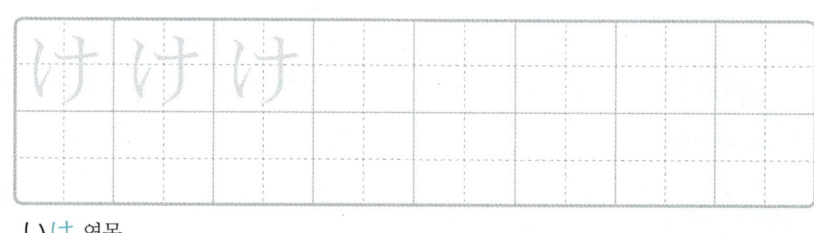

いけ 연못

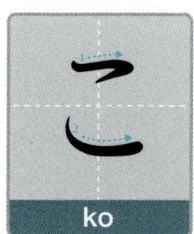 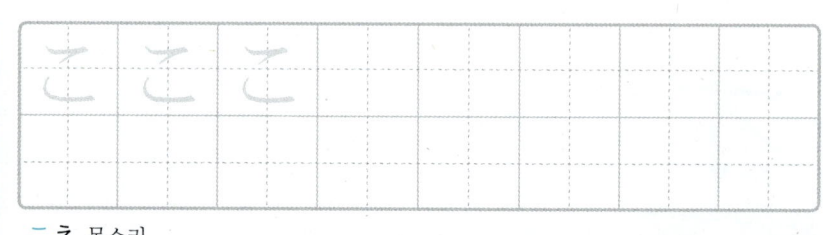

こえ 목소리

청음 か 행

カメラ 카메라

キーボード 키보드

クリーム 크림

ケーキ 케이크

コーヒー 커피

 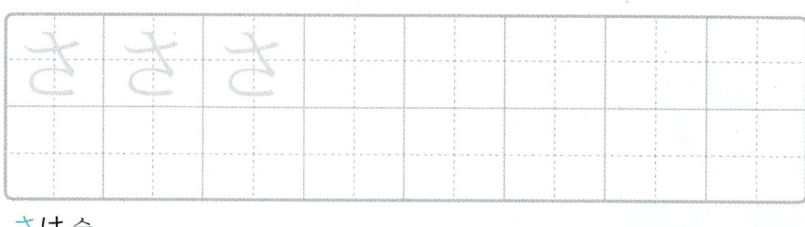
さけ 술

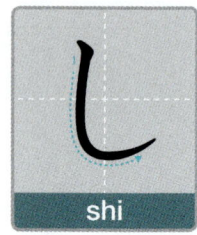 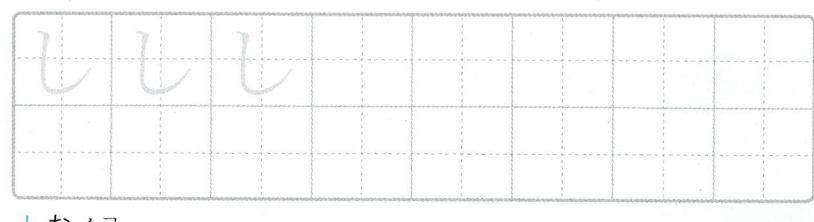
しお 소금

 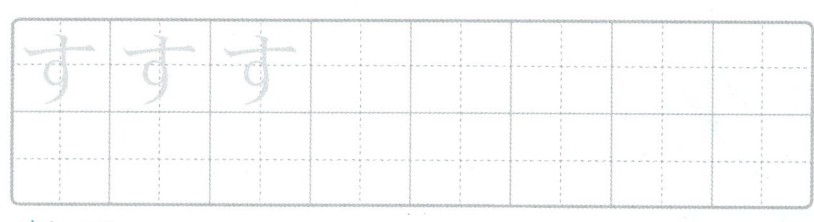
すし 초밥

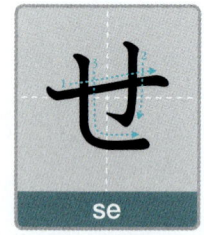 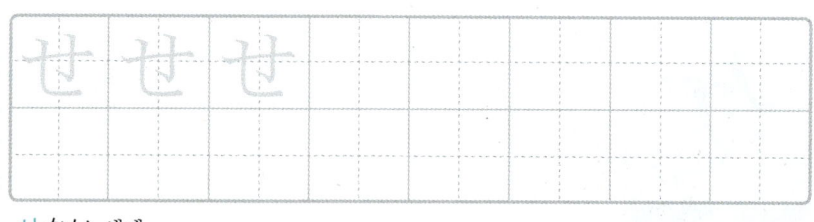
せかい 세계

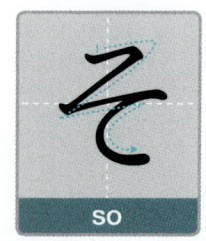 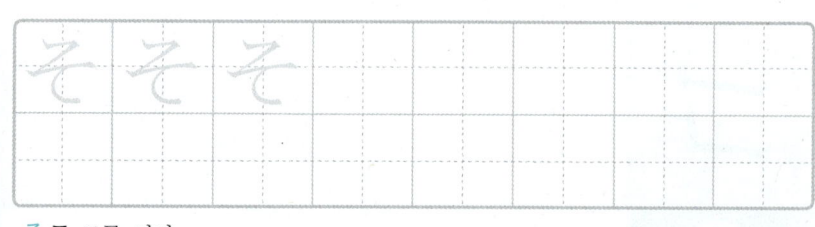
そこ 그곳, 거기

청음 さ 행

サッカー 축구

シンボル 심벌, 상징

スーツケース 슈트케이스

センス 센스

ソウル 서울

たこ 문어

くち 입

つき 달

かてい 가정

とし 해, 년

청음 た 행

タ ta	タタタ

タイ 태국

チ chi	チチチ

チリソース 칠리 소스

ツ tsu	ツツツ

ツアー 투어

テ te	テテテ

テコンドー 태권도

ト to	トトト

トイレ 화장실

なか 속, 안

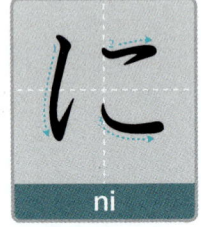 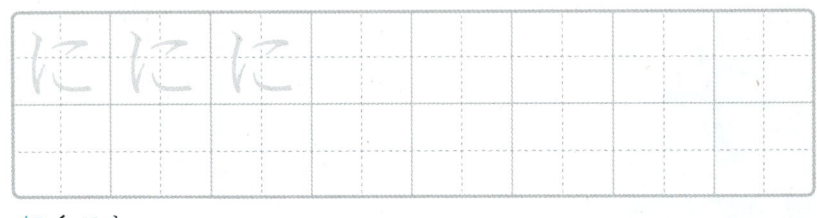

にく 고기

いぬ 개

あね 언니, 누나

 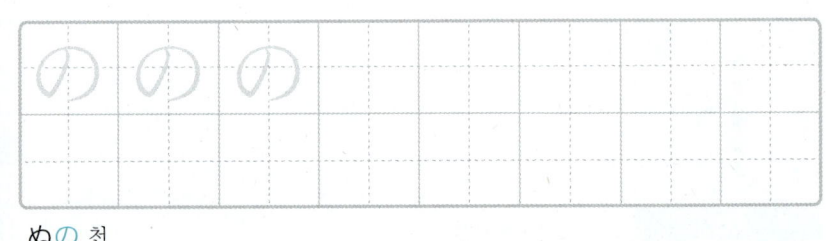

ぬの 천

청음 な 행

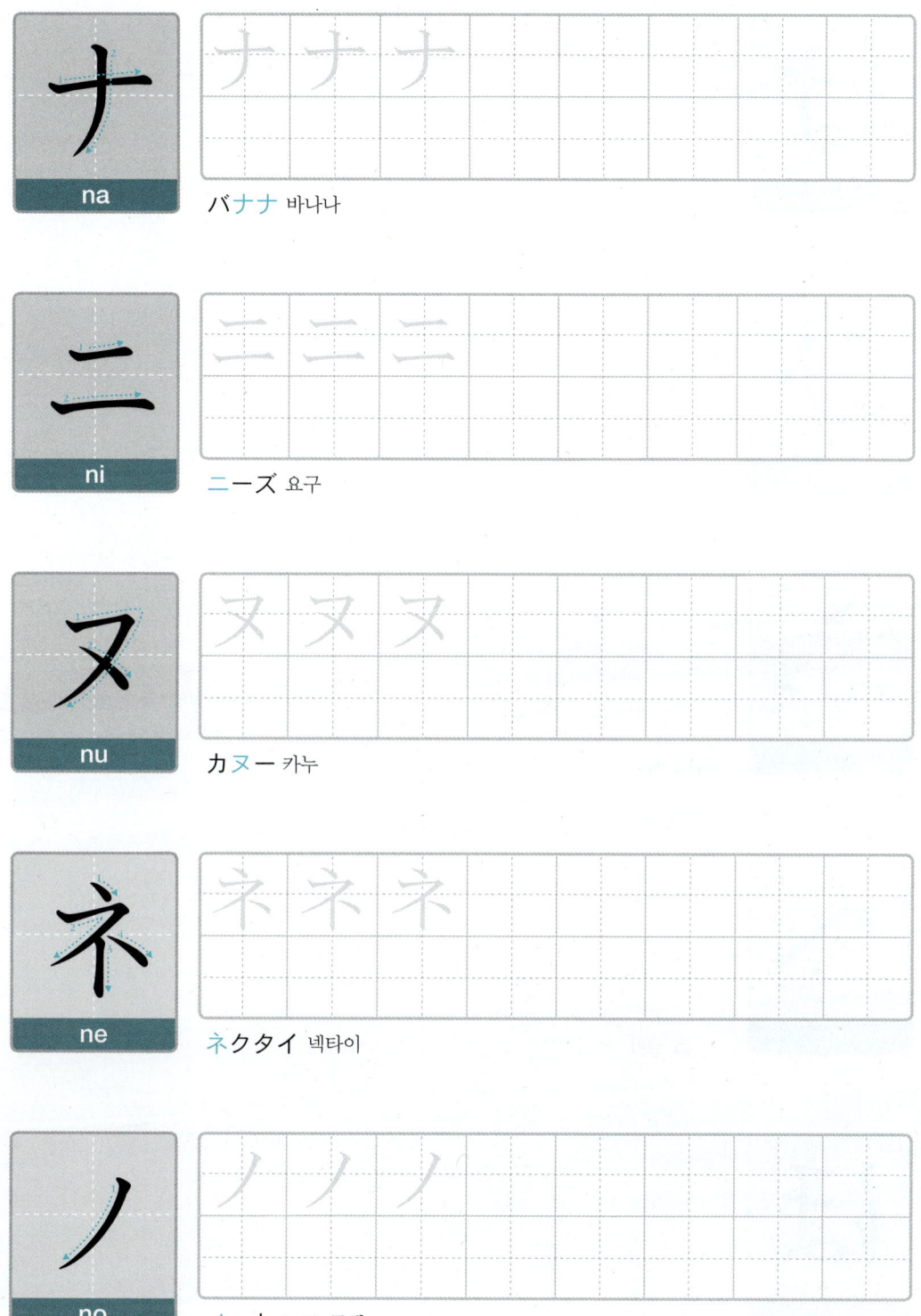

ナ na
バナナ 바나나

ニ ni
ニーズ 요구

ヌ nu
カヌー 카누

ネ ne
ネクタイ 넥타이

ノ no
ノート 노트, 공책

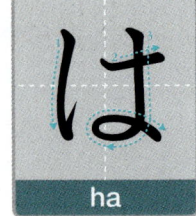
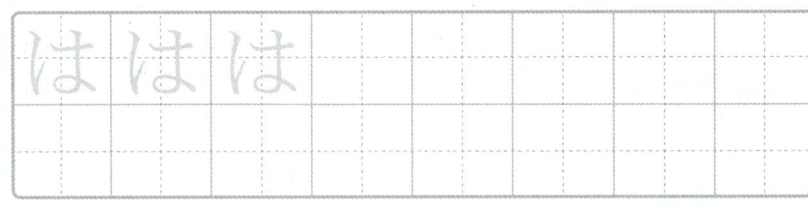
はし 젓가락

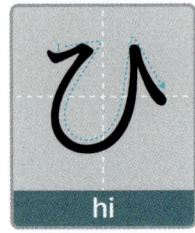
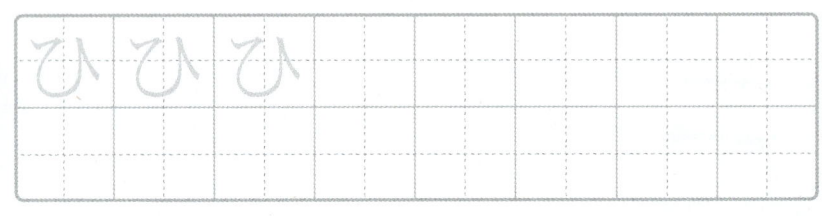
ひこうき 비행기

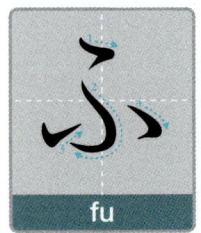
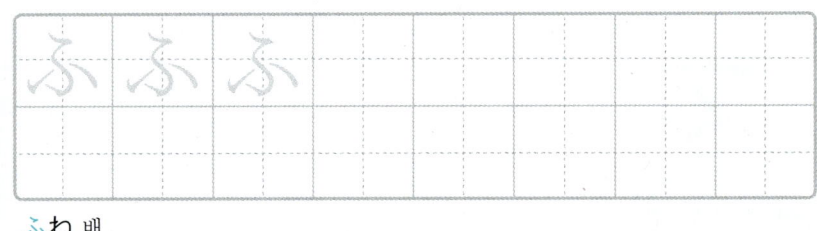
ふね 배

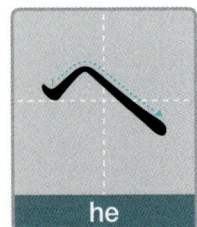

へる 줄다

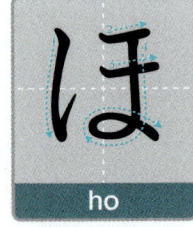
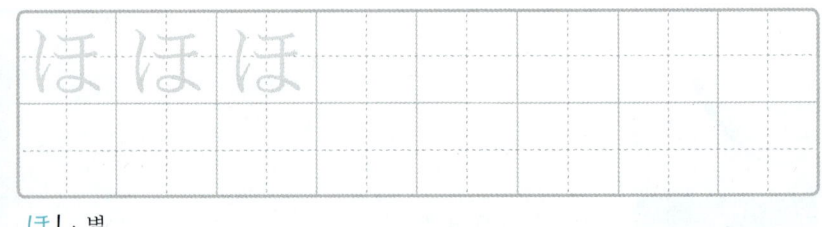
ほし 별

청음 は 행

ハ ha
ハム 햄

ヒ hi
ヒマラヤ 히말라야

フ fu
フード 음식

ヘ he
ヘッドフォン 헤드폰

ホ ho
ホームステイ 홈스테이

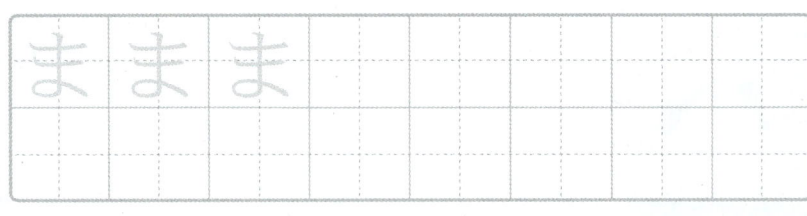

うま 말

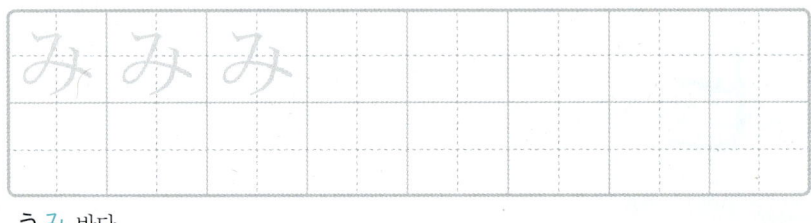

うみ 바다

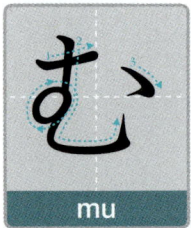

むすこ 아들

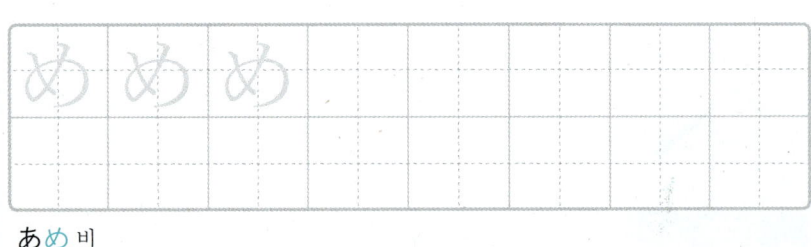

あめ 비

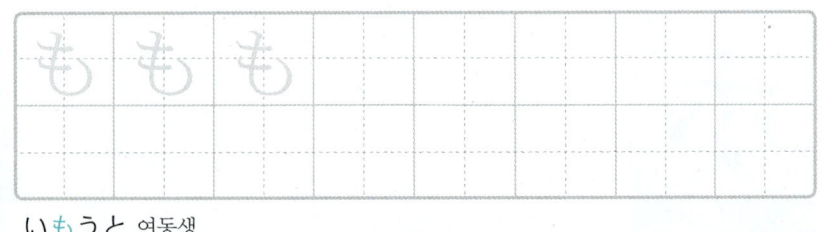

いもうと 여동생

청음 ま 행

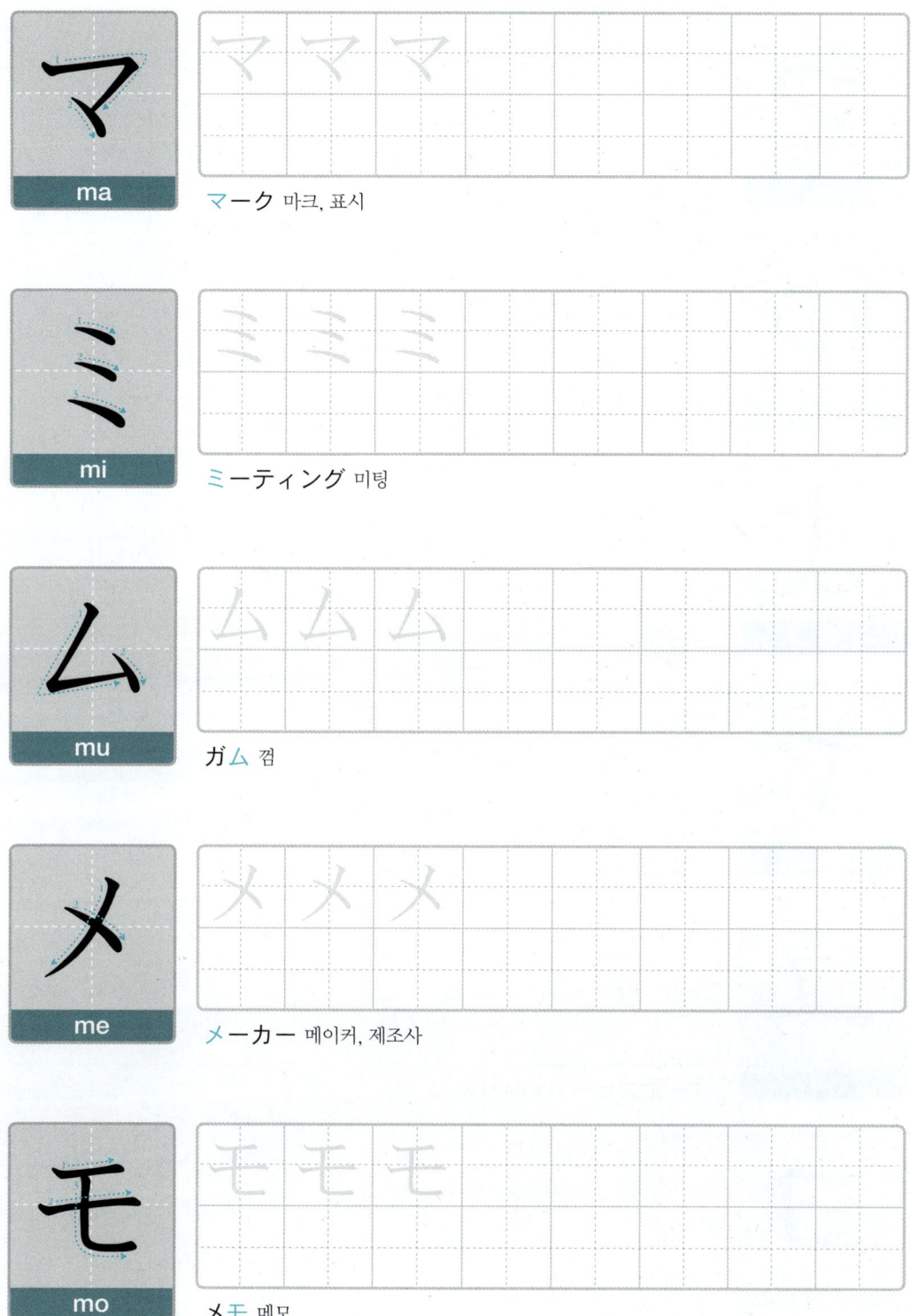

マーク 마크, 표시

ミーティング 미팅

ガム 껌

メーカー 메이커, 제조사

メモ 메모

청음 や 행

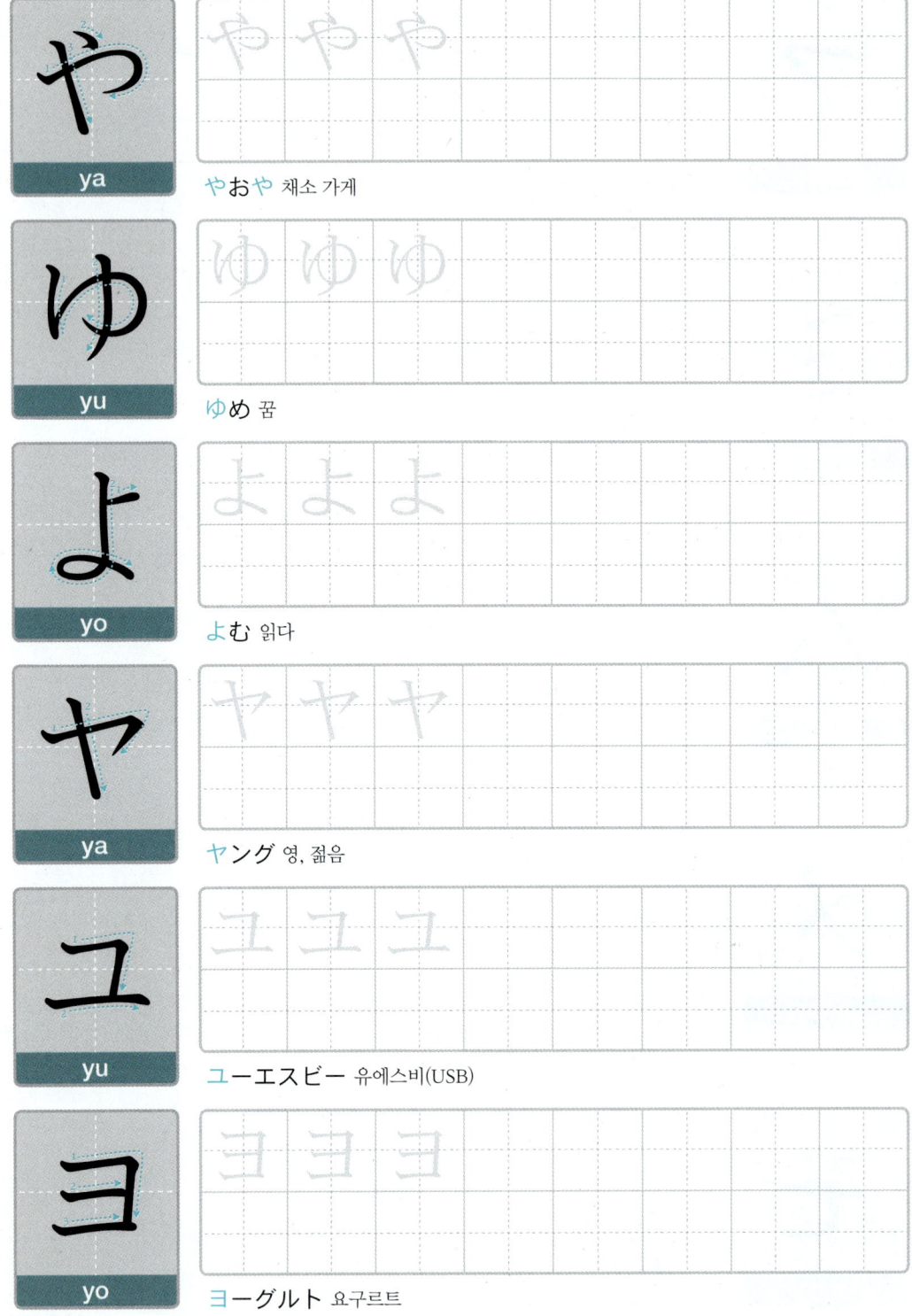

や ya
やおや 채소 가게

ゆ yu
ゆめ 꿈

よ yo
よむ 읽다

ヤ ya
ヤング 영, 젊음

ユ yu
ユーエスビー 유에스비(USB)

ヨ yo
ヨーグルト 요구르트

청음 ら 행

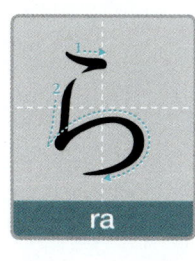
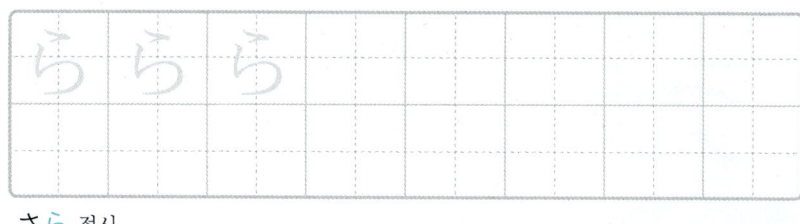
さら 접시

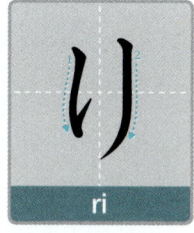

りか 이과

とる 집다, 잡다

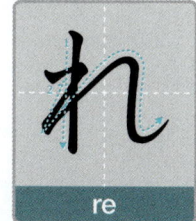

れきし 역사

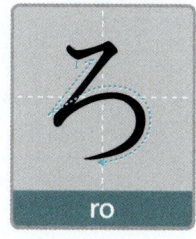
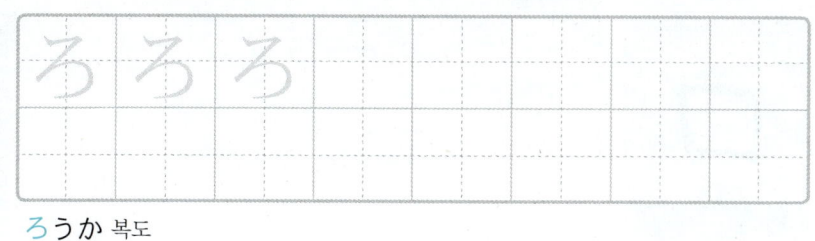
ろうか 복도

청음 ら행

ra
ラーメン 라면

ri
リンス 린스

ru
オールドボーイ 올드보이, OB

re
カレンダー 달력

ro
ロシア 러시아

청음 わ 행 ん

2. 탁음·반탁음

が ga

がっこう 학교

ぎ gi

かぎ 열쇠

ぐ gu

かぐ 가구

げ ge

かげ 그림자

ご go

かご 바구니

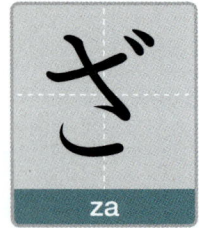 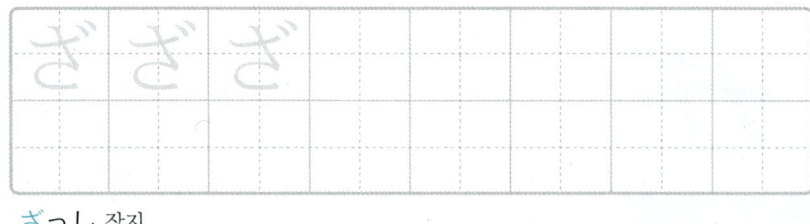
ざっし 잡지

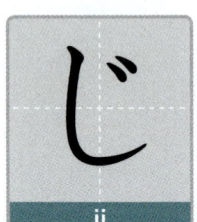 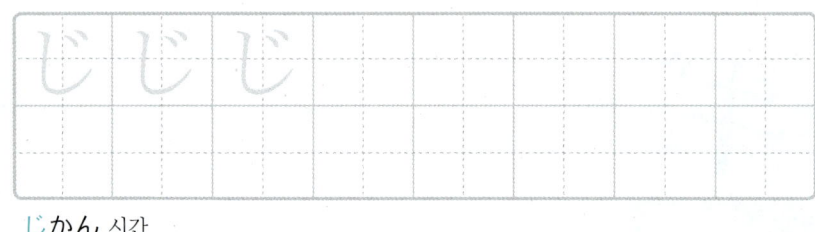
じかん 시간

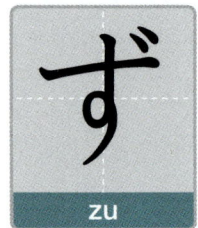 
ちず 지도

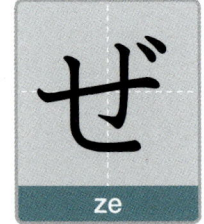 
かぜ 바람

かぞく 가족

탁음 ざ 행

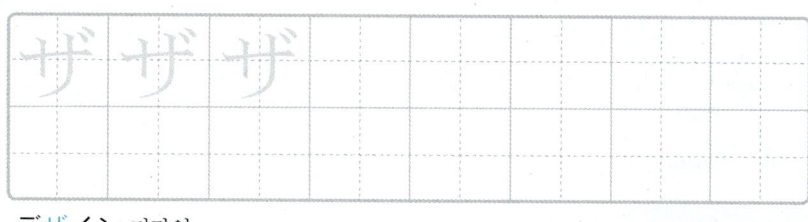
デザイン 디자인

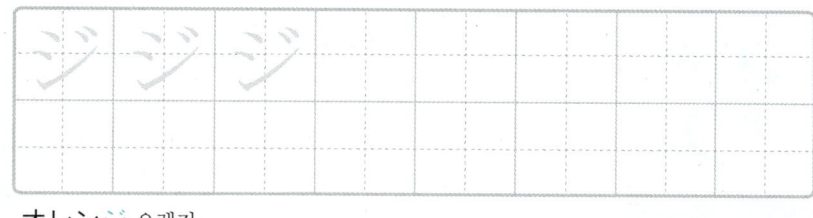
オレンジ 오렌지

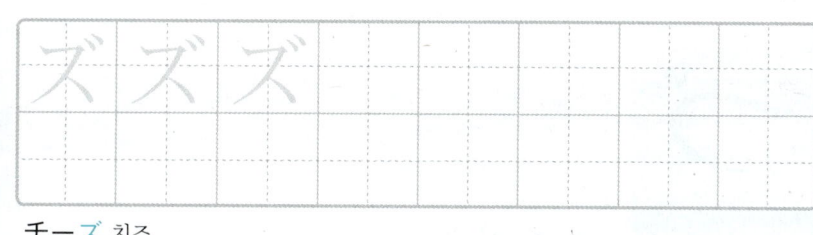
チーズ 치즈

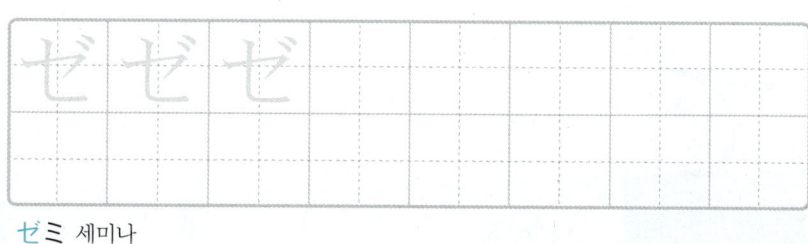
ゼミ 세미나

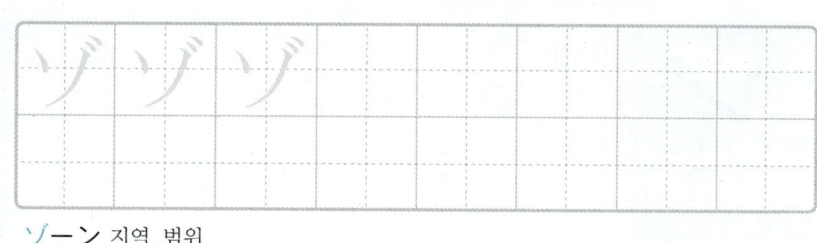
ゾーン 지역, 범위

だいがく 대학교

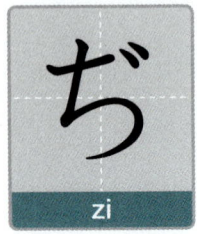
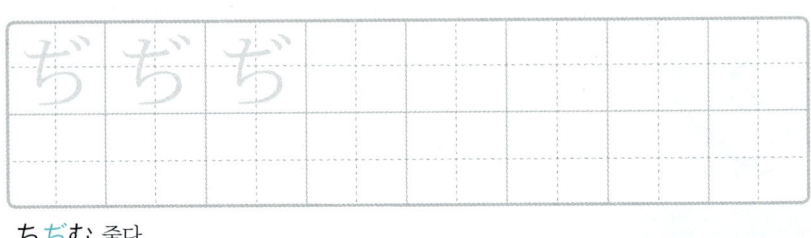
ちぢむ 줄다

つづく 계속되다

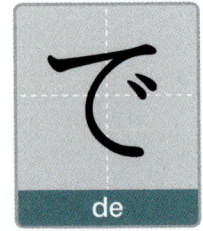

でぐち 출구

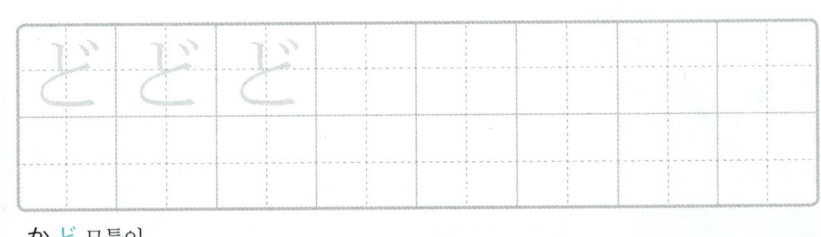
かど 모퉁이

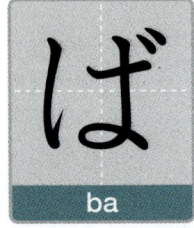
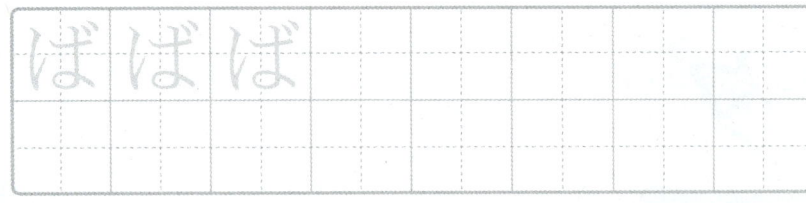
かばん 가방

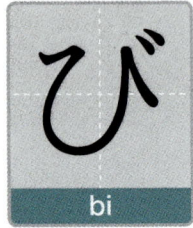
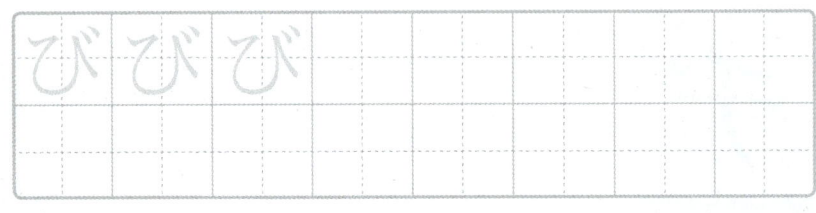
びようしつ 미용실

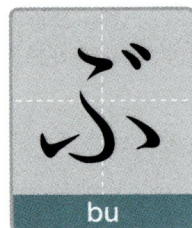
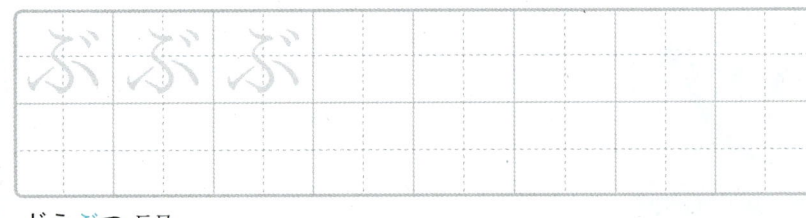
どうぶつ 동물

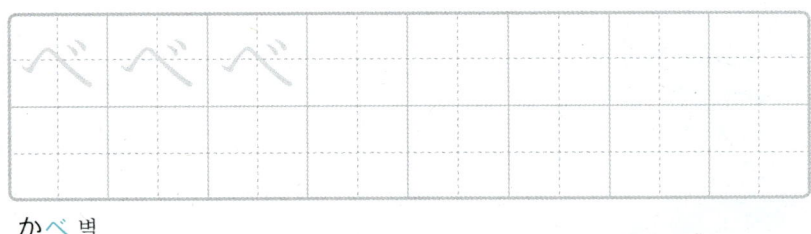
かべ 벽

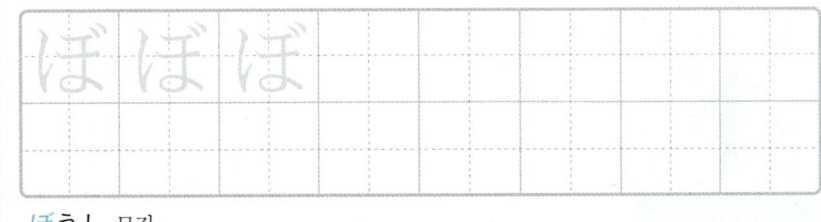
ぼうし 모자

탁음 ば 행

バ ba
バランス 밸런스, 균형

ビ bi
ビタミン 비타민

ブ bu
ブック 북, 책

ベ be
ベーコン 베이컨

ボ bo
ボート 보트

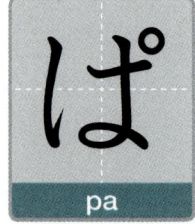
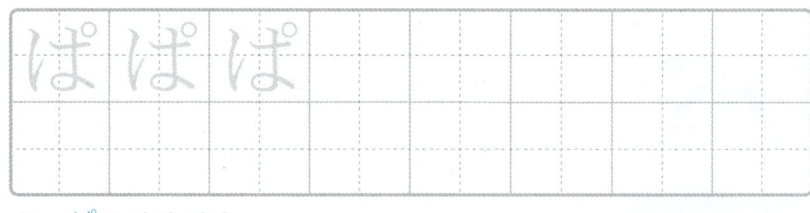

いっぱい 한 잔, 많이

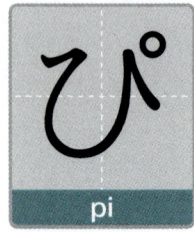
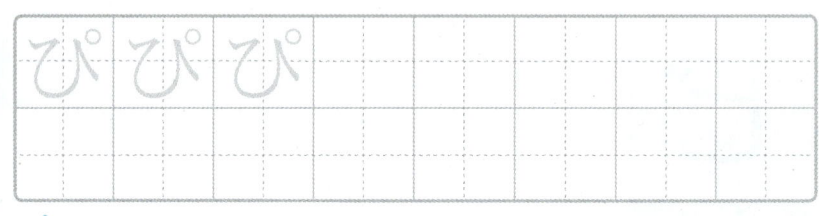

ぴったり 딱 맞음

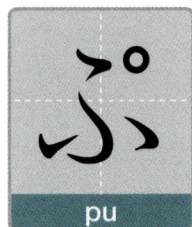
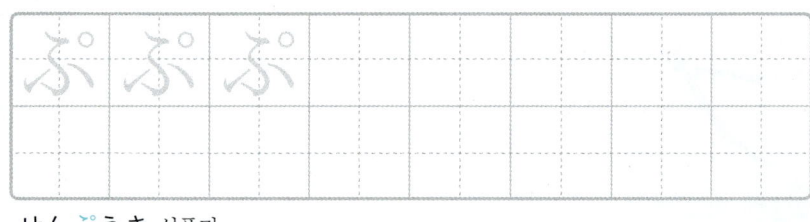

せんぷうき 선풍기

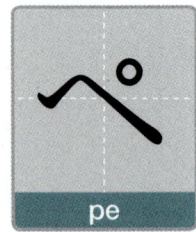
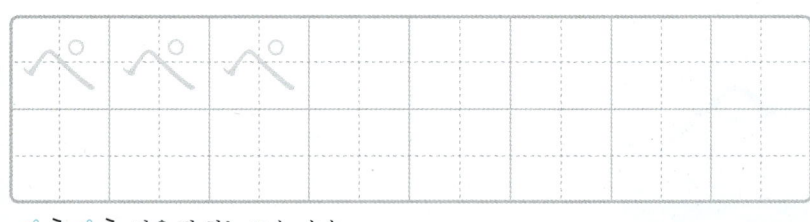

ぺらぺら 말을 잘 하는 모습, 술술

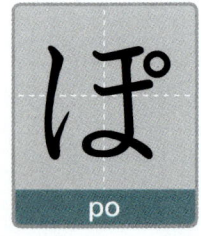
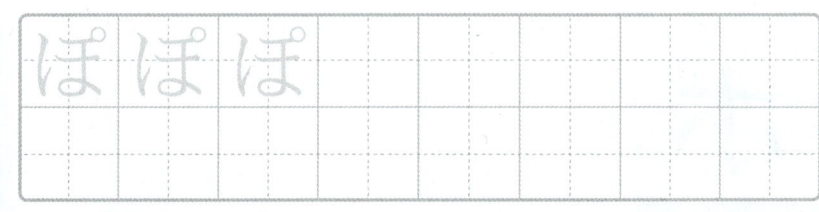

いっぽん 한 자루

3. 요음

きゃ kya — かんきゃく 관객

きゅ kyu — きゅうけい 휴게, 휴식

きょ kyo — とうきょう 도쿄

キャ kya — キャラメル 캐러멜

キュ kyu — サンキュー 생큐(thank you)

キョ kyo

しゃ sha — かいしゃ 회사

しゅ shu — しゅうまつ 주말

しょ sho — しょくどう 식당

シャ sha — シャワー 샤워

シュ shu — シュークリーム 슈크림

ショ sho — ショッピング 쇼핑

요음 な 행

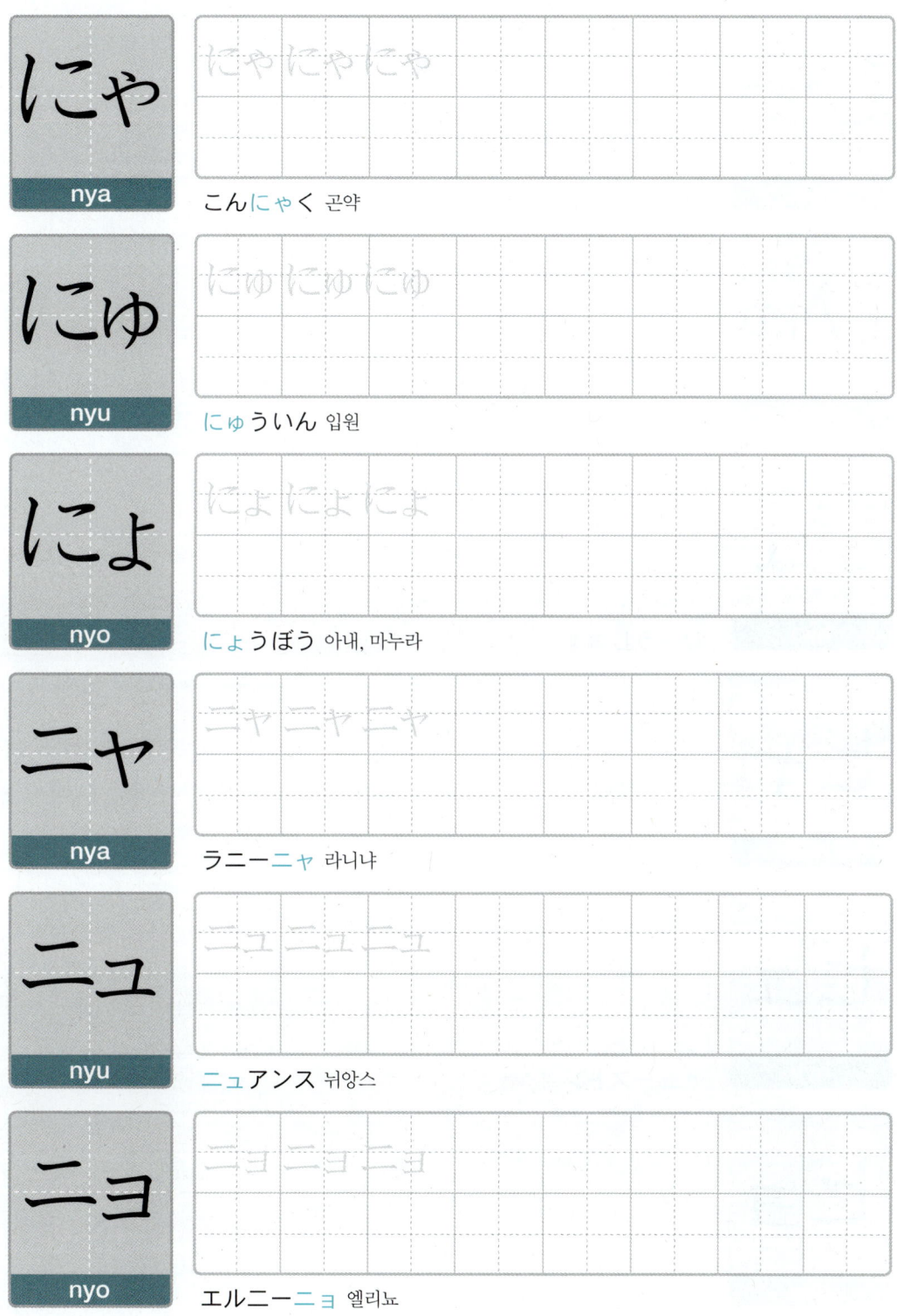

にゃ nya — こんにゃく 곤약

にゅ nyu — にゅういん 입원

にょ nyo — にょうぼう 아내, 마누라

ニャ nya — ラニーニャ 라니냐

ニュ nyu — ニュアンス 뉘앙스

ニョ nyo — エルニーニョ 엘리뇨

さんびゃく 삼백(300)

びゅんびゅん 기세 좋게 움직이는 모양

かんびょう 간병

ビューティー 뷰티, 아름다움

요음 ぱ행

ぴゃ pya — はっぴゃく 팔백(800)

ぴゅ pyu — ぴゅうぴゅう 바람이 날카롭게 부는 모양

ぴょ pyo — ぴょんぴょん 깡총깡총

ピャ pya

ピュ pyu — コンピュータ 컴퓨터

ピョ pyo

요음 ら행

りゃ rya
しょうりゃく 생략

りゅ ryu
りゅうがく 유학

りょ ryo
りょこう 여행

リャ rya

リュ ryu
リュック(サック) 배낭

リョ ryo

헷갈리기 쉬운 글자

あ						
お						
い						
り						
め						
ぬ						
し						
も						
き						
さ						
は						
ほ						

わ						
ね						
う						
つ						
え						
ふ						
れ						
わ						
る						
ろ						
な						
た						

헷갈리기 쉬운 글자

ア						
マ						
フ						
ス						
ウ						
ク						
ヤ						
マ						
エ						
テ						
ン						
ソ						

헷갈리기 쉬운 글자

| ワ |
| ク |
| ユ |
| ヨ |
| ツ |
| シ |
| チ |
| テ |
| ナ |
| オ |
| ル |
| リ |

뜻이 달라지는 단어

촉음

きて (오고)					
きって (우표)					
ねこ (고양이)					
ねっこ (뿌리)					
おと (소리)					
おっと (남편)					
がか (화가)					
がっか (학과)					
まくら (베개)					
まっくら (암흑)					
かた (어깨)					
かった (샀다)					

요음과 장음

いしゃ (의사)					
いしゃ (석재상)					
びょういん (병원)					
びよういん (미용실)					
いえ (집)					
いいえ (아니요)					
すき (좋아함)					
スキー (스키)					
ちず (지도)					
チーズ (치즈)					
ビル (빌딩)					
ビール (맥주)					

회화

Track 22

이소라가 구두를 사기 위해 신발 가게에 갑니다.

店員(てんいん)　　いらっしゃいませ。

ソラ　　白(しろ)いパンプスはありますか。

店員(てんいん)　　これはどうですか。

ソラ　　かわいいですね。いくらですか。

店員(てんいん)　　これは５０００円(ごせんえん)です。
　　　　２０％引(にじゅっパーセントび)きですよ。

ソラ　　安(やす)い！
　　　　かわいくて安(やす)いですね。
　　　　これをください。

店員(てんいん)　　ありがとうございます。

Question

1. 소라는 어떤 펌프스를 찾고 있습니까?
2. 소라는 얼마짜리 구두를 샀습니까?

문법과 문형

1 ▶ い형용사

기본형	현재 정중형	부정형 정중 표현	과거 정중형	과거 부정형 정중 표현	명사 수식형
安(やす)い	安(やす)いです	安(やす)くないです	安(やす)かったです	安(やす)くなかったです	安(やす)い卵(たまご)
広(ひろ)い	広(ひろ)いです	広(ひろ)くないです	広(ひろ)かったです	広(ひろ)くなかったです	広(ひろ)い教室(きょうしつ)
寒(さむ)い	寒(さむ)いです	寒(さむ)くないです	寒(さむ)かったです	寒(さむ)くなかったです	寒(さむ)い部屋(へや)

예 東京(とうきょう)の夏(なつ)は暑(あつ)いです。
도쿄의 여름은 덥습니다.

北海道(ほっかいどう)は暑(あつ)くないです。
홋카이도는 덥지 않습니다.

このラーメン、おいしかったです。
이 라면, 맛있었습니다.

日本(にほん)でいちばん高(たか)い山(やま)は富士山(ふじさん)です。
일본에서 가장 높은 산은 후지산입니다.

2 ▶ (い형용사) 〜くて   〜(이)고 (연결, 나열)

い형용사의 て형은 い형용사의 어미 い를 く로 바꾸고 て를 붙입니다.

예 ここのスパゲッティは安(やす)くておいしいです。
여기 스파게티는 싸고 맛있습니다.

この本(ほん)は薄(うす)くて軽(かる)いです。
이 책은 얇고 가볍습니다.

3 〜をください   〜을(를) 주세요

예 これをください。
이것을 주세요.

それをください。
그것을 주세요.

4 〜ね   〜네요

「〜ね」는 여기서는 가벼운 감동을 나타내지만, 동정, 동의, 확인을 나타내는 경우도 있습니다.

예 この人形、かわいいですね。
이 인형 귀엽네요.

このジュース、おいしいですね。
이 주스, 맛있네요.

 새로 나온 단어

安い (값이) 싸다	卵 계란, 달걀	広い 넓다	教室 교실
寒い 춥다	部屋 방	東京 도쿄 (지명)	夏 여름
暑い 덥다	北海道 홋카이도 (지명)	ラーメン 라면	おいしい 맛있다
日本 일본	〜で 〜에서	いちばん 가장, 제일	高い 높다, (값이) 비싸다
山 산	富士山 후지산	スパゲッティ 스파게티	薄い 얇다
軽い 가볍다	人形 인형	ジュース 주스	

5　～よ　～에요

「～よ」는 말하는 사람의 판단이나 의견을 강하게 말하거나 상대방이 모르는 것을 알려줄 때 사용합니다.

예
これは韓国のお茶ですよ。
이것은 한국의 차예요.

明日は休みですよ。
내일은 휴일이에요.

6　숫자

	1~10	10~100	100~1000	1000~10000
1	いち	じゅう	ひゃく	せん
2	に	にじゅう	にひゃく	にせん
3	さん	さんじゅう	さんびゃく	さんぜん
4	し・よん	よんじゅう	よんひゃく	よんせん
5	ご	ごじゅう	ごひゃく	ごせん
6	ろく	ろくじゅう	ろっぴゃく	ろくせん
7	しち・なな	ななじゅう	ななひゃく	ななせん
8	はち	はちじゅう	はっぴゃく	はっせん
9	きゅう・く	きゅうじゅう	きゅうひゃく	きゅうせん
10	じゅう	ひゃく	せん	いちまん

7 조수사

	고유수사	～人(～명)	～枚(～장)	～冊(～권)	～本(～자루, 병)
1	ひとつ	ひとり	いちまい	いっさつ	いっぽん
2	ふたつ	ふたり	にまい	にさつ	にほん
3	みっつ	さんにん	さんまい	さんさつ	さんぼん
4	よっつ	よにん	よんまい	よんさつ	よんほん
5	いつつ	ごにん	ごまい	ごさつ	ごほん
6	むっつ	ろくにん	ろくまい	ろくさつ	ろっぽん
7	ななつ	しちにん(ななにん)	ななまい	ななさつ	ななほん
8	やっつ	はちにん	はちまい	はっさつ	はっぽん
9	ここのつ	きゅうにん	きゅうまい	きゅうさつ	きゅうほん
10	とお	じゅうにん	じゅうまい	じゅっさつ	じゅっぽん
몇	いくつ	なんにん	なんまい	なんさつ	なんぼん

예 日本語の教科書を2冊ください。
일본어 교과서를 2권 주세요.

赤いボールペンを6本ください。
빨간 볼펜을 6자루 주세요.

새로 나온 단어

お茶 (녹)차 　　休み 휴일, 쉼 　　教科書 교과서 　　赤い 빨갛다
ボールペン 볼펜

い形容사

반대어

大きい 크다 ⟷ 小さい 작다
広い 넓다 ⟷ 狭い 좁다
高い 높다 ⟷ 低い 낮다
深い 깊다 ⟷ 浅い 얕다
暑い 덥다 ⟷ 寒い 춥다
高い (값이) 비싸다 ⟷ 安い (값이) 싸다
明るい 밝다 ⟷ 暗い 어둡다
強い 강하다 ⟷ 弱い 약하다
遅い 느리다, 늦다 ⟷ 早い 이르다·速い 빠르다
むずかしい 어렵다 ⟷ やさしい 쉽다

多い 많다 ⟷ 少ない 적다
長い 길다 ⟷ 短い 짧다
近い 가깝다 ⟷ 遠い 멀다
厚い 두껍다 ⟷ 薄い 얇다
熱い 뜨겁다 ⟷ 冷たい 차갑다
いい 좋다 ⟷ 悪い 나쁘다
軽い 가볍다 ⟷ 重い 무겁다
細い 가늘다 ⟷ 太い 굵다
おいしい 맛있다 ⟷ まずい 맛없다
新しい 새롭다 ⟷ 古い 낡다, 오래되다

색과 맛

赤い 붉다, 빨갛다
白い 희다, 하얗다
黄色い 노랗다
からい 맵다

青い 푸르다, 파랗다
黒い 검다
あまい 달다

그 밖

楽しい 즐겁다
かわいい 귀엽다
優しい 상냥하다, 다정하다
忙しい 바쁘다
危ない 위험하다
すごい 대단하다, 굉장하다

うれしい 기쁘다
うつくしい 아름답다
若い 젊다
すばらしい 멋지다
痛い 아프다

일본의 돈(日本のお金)
にほん　　かね

동전

1엔

5엔

10엔

50엔

100엔

500엔

지폐

1000엔

2000엔

5000엔

10000엔

체크

1 쇼핑을 하다

1 | ⓐ この花はいくらですか。
　　ⓑ ５００円です。

2 | ⓐ あのりんごはいくらですか。
　　ⓑ ひとつ１３０円です。

3 | ⓐ 小さくてあまいトマトをみっつください。
　　ⓑ はい。

4 | ⓐ この本はおもしろいですか。
　　ⓑ いいえ、おもしろくないです。

5 | ⓐ 赤いバラはどうですか。
　　ⓑ いいですね。

새로 나온 단어

小さい 작다　　　あまい 달다　　　トマト 토마토　　　おもしろい 재미있다
バラ 장미　　　　いい 좋다

1 다음 제시하는 말 중에서 하나를 골라 (　) 안에 넣으세요.

ⓐ これは　　ⓑ 小_{ちい}さい　　ⓒ あまくて　　ⓓ 黒_{くろ}い

① みか　このみかん、いくらですか。
　　店員_{てんいん}　２８０円_{にひゃくはちじゅうえん}です。（　　　　　）おいしいですよ。

② まみ　この（　　　　　）Tシャツ_{ティ}を１枚_{いちまい}ください。
　　店員_{てんいん}　ありがとうございます。
　　　　こちらの黒_{くろ}いTシャツ_{ティ}ですね。

③ ゆい　このくつ、かわいいですね。
　　　　でも、ちょっと（　　　　　）ですね。
　　店員_{てんいん}　そうですか。

④ りく　薄手_{うすで}のジャケットはありますか。
　　店員_{てんいん}　（　　　　　）どうですか。

みかん 귤	黒_{くろ}い 검다	Tシャツ_{ティ} T셔츠	くつ 신발, 구두
でも 그래도	ちょっと 조금, 좀	薄手_{うすで} 비교적 얇음	ジャケット 재킷

2 다음 일본어를 한국어로 바꾸세요.

① この本はいくらですか。

_____

② これはどうですか。

_____

3 다음 히라가나를 한자로, 한자를 히라가나로 바꾸세요.

① 暑い　_____い　　② くろい　_____い

③ しろい　_____い　　④ 安い　_____い

⑤ 高い　_____い　　⑥ 軽い　_____い

4 다음 음성을 듣고 답해 보세요.　　　　　　　　🔊 Track **23**

① _____

② _____

③ _____

회화 연습

✽ 두 사람이 짝이 되어 밑줄 친 부분의 단어를 바꿔 말해 봅시다.　　　　　🔊 Track **24**

1

Ⓐ この ⓐセーター、いくらですか。

Ⓑ そちらは、ⓑ１０００円です。

Ⓐ え～、ⓒ安いですね。

1. ⓐ さしみ　　　　　ⓑ ８０００円　　　　　ⓒ 高い
2. ⓐ くつ　　　　　　ⓑ １００００円　　　　ⓒ 高い
3. ⓐ _____　　　　ⓑ _____　　　　　　ⓒ _____

🔊 Track **25**

2

Ⓐ あのう、ⓐ帽子はありますか。

Ⓑ こちらにありますよ。

Ⓐ えっと、ⓑ青くて大きいⓐ帽子もありますか。

Ⓑ ありますよ。

1. ⓐ てぶくろ　　　　　ⓑ かわいくて安い
2. ⓐ スカーフ　　　　　ⓑ 長くてあたたかい
3. ⓐ _____　　　　　ⓑ _____

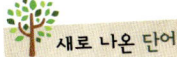 새로 나온 단어

セーター 스웨터	さしみ 생선회	あのう 저, 저기	帽子 모자
えっと 그러니까	青い 파랗다, 푸르다	大きい 크다	てぶくろ 장갑
スカーフ 스카프	長い 길다	あたたかい 따뜻하다	

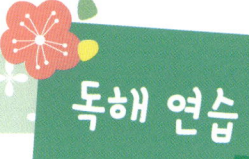

독해 연습

❋ 다음 글을 읽고 질문에 답해 보세요.

소라가 자신의 블로그에 자신이 마음에 들어하는 것을 적었습니다.

> 私のお気に入り
> 私のお気に入りは、ピンクのセーターです。
> リボンがかわいくて、あたたかいセーターです。

1 소라가 마음에 들어하는 것은 무엇입니까?

_____

2 소라의 스웨터는 어떤 스웨터입니까?

_____

お気に入り 마음에 듦　　ピンク 분홍　　　　リボン 리본

문화

일본의 기모노

한국의 전통 의상은 한복이죠. 기모노(きもの)는 일본의 전통 의상입니다. 기모노(きもの)는 옛날부터 전해져 내려오는 일본의 전통 의상으로, 나라(奈良)시대에 이미 있었다고 전해지고 있습니다. 하지만 서민이 일상적인 옷으로 입게 된 것은 에도(江戸)시대부터였습니다.

기모노에는 여러 종류가 있습니다만, 미혼 여성이 입는 기모노로 「후리소데(振りそで)」가 있습니다. 이것은 소맷자락이 긴 것에서 붙여진 이름입니다. 후리소데는 성인식이나 결혼식의 피로연 등에서 입는 사람이 많습니다. 또한, 기혼 여성이 입는 기모노로 「도메소데(留めそで)」가 있습니다. 이것은 하반신 부분에만 무늬가 들어간 기모노로 「구로도메소데(黒留めそで)」와 「이로도메소데(色留めそで)」가 있습니다. 바탕색이 검으면 「구로도메소데」, 검은색이 아니면 「이로도메소데」라고 합니다. 그리고 기모노 위에 걸쳐 입는 「하오리(羽織)」나, 기모노의 아래 옷인 「하카마(袴)」 등도 있습니다. 또한, 여름 마쓰리나 불꽃 대회 때에 입기도 하며, 료칸(旅館) 등에 가면 준비되어 있는 얇은 기모노인 「유카타(ゆかた)」 등도 있습니다.

05 きれいな曲ですね

학습 포인트
1 な형용사
2 お〜
3 (な형용사) 〜で
4 일, 월, 요일
5 시간
6 〜から〜まで

신출단어

お誕生日(たんじょうび)	생일	おめでとうございます	축하드립니다
プレゼント	선물	オルゴール	오르골
きれいだ	아름답다, 깨끗하다	曲(きょく)	곡
童謡(どうよう)	동요	ところで	그런데
お父さん(とう)	아버지	いつ	언제
8月(はちがつ)	8월	28日(にじゅうはちにち)	28일
金曜日(きんようび)	금요일	パーティー	파티
何時(なんじ)	몇 시	〜から	〜부터
午後(ごご)	오후	6時(ろくじ)	6시
8時(はちじ)	8시	〜まで	〜까지

회화

Track 26

이소라의 생일날, 사카모토 신이치 씨가 이소라에게 생일 선물을 줍니다.

坂本しんいち　ソラさん、お誕生日おめでとうございます。
　　　　　　これ、プレゼントです。

ソラ　　　　ありがとうございます。
　　　　　　あ、オルゴール。きれいな曲ですね。

坂本しんいち　日本の童謡です。

ソラ　　　　ありがとうございます。
　　　　　　ところで、お父さんのお誕生日はいつですか。

坂本しんいち　８月２８日、金曜日です。

ソラ　　　　パーティーは何時からですか。

坂本しんいち　午後６時から８時までです。

Question

1. 소라에게 선물을 준 사람은 누구입니까?
2. 오르골에서 나온 곡은 어떤 곡입니까?

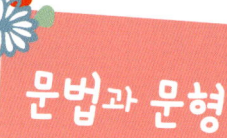

문법과 문형

1 な형용사

기본형	현재 정중형	부정형 정중 표현	과거 정중형	과거 부정형 정중 표현	명사 수식형
静かだ	静かです	静かではありません	静かでした	静かではありませんでした	静かな部屋
親切だ	親切です	親切ではありません	親切でした	親切ではありませんでした	親切な人
有名だ	有名です	有名ではありません	有名でした	有名ではありませんでした	有名な店

예 パリのエッフェル塔は、すごく有名です。
파리의 에펠탑은 굉장히 유명합니다.

あの人はあまり親切ではありません。
저 사람은 별로 친절하지 않습니다.

北海道の摩周湖は本当に静かでした。
홋카이도의 마슈호는 정말로 조용했습니다.

ドイツ語の先生は親切ではありませんでした。
독일어 선생님은 친절하지 않았습니다.

彼は韓国でいちばん有名な日本人です。
그는 한국에서 가장 유명한 일본인입니다.

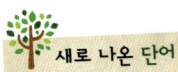
새로 나온 단어

静かだ 조용하다　　親切だ 친절하다　　有名だ 유명하다　　店 가게
パリ 파리　　エッフェル塔 에펠탑　　すごく 굉장히, 매우　　あまり 그다지, 별로
摩周湖 마슈호(호수 이름)　　本当に 정말로　　ドイツ語 독일어

2 お〜

「お」는 듣는 사람과 제3자에 관한 것에 붙여서 말하는 사람의 경의를 표하는 접두어입니다.

> 예 お誕生日おめでとうございます。
> 생일 축하합니다.
>
> 広いお部屋ですね。
> 넓은 방이군요.

3 (な형용사) 〜で　〜(이)고 (연결, 나열)

な형용사의 て형은 な형용사의 어미 だ를 で로 바꿉니다.

> 예 金さんは、親切でやさしい人です。
> 김 씨는 친철하고 상냥한 사람입니다.
>
> その部屋はきれいで清潔でした。
> 그 방은 깨끗하고 청결했습니다.

清潔だ 청결하다

4 월, 일, 요일

월

1月	2月	3月	4月	5月	6月
いちがつ	にがつ	さんがつ	しがつ	ごがつ	ろくがつ
7月	8月	9月	10月	11月	12月
しちがつ	はちがつ	くがつ	じゅうがつ	じゅういちがつ	じゅうにがつ

일, 요일

日曜日(にちようび) 일요일	月曜日(げつようび) 월요일	火曜日(かようび) 화요일	水曜日(すいようび) 수요일	木曜日(もくようび) 목요일	金曜日(きんようび) 금요일	土曜日(どようび) 토요일
				1日	2日	3日
				ついたち	ふつか	みっか
4日	5日	6日	7日	8日	9日	10日
よっか	いつか	むいか	なのか	ようか	ここのか	とおか
11日	12日	13日	14日	15日	16日	17日
じゅういちにち	じゅうににち	じゅうさんにち	じゅうよっか	じゅうごにち	じゅうろくにち	じゅうしちにち
18日	19日	20日	21日	22日	23日	24日
じゅうはちにち	じゅうくにち	はつか	にじゅういちにち	にじゅうににち	にじゅうさんにち	にじゅうよっか
25日	26日	27日	28日	29日	30日	31日
にじゅうごにち	にじゅうろくにち	にじゅうしちにち	にじゅうはちにち	にじゅうくにち	さんじゅうにち	さんじゅういちにち

예

Ⓐ 今日(きょう)は何月何日(なんがつなんにち)ですか。

오늘은 몇 월 며칠입니까?

Ⓑ ９月(くがつ)２０日(はつか)です。

9월 20일입니다.

예
A 今日は何曜日ですか。
오늘은 무슨 요일입니까?

B 水曜日です。
수요일입니다.

5 시간

시(時)

1時	2時	3時	4時	5時	6時	7時
いちじ	にじ	さんじ	よじ	ごじ	ろくじ	しちじ
8時	9時	10時	11時	12時	何時	
はちじ	くじ	じゅうじ	じゅういちじ	じゅうにじ	なんじ	

분(分)

1分	2分	3分	4分	5分
いっぷん	にふん	さんぷん	よんぷん	ごふん
6分	7分	8分	9分	10分
ろっぷん	ななふん	はっぷん	きゅうふん	じゅっぷん
15分	20分	25分	30分・半	35分
じゅうごふん	にじゅっぷん	にじゅうごふん	さんじゅっぷん・はん	さんじゅうごふん
40分	45分	50分	55分	何分
よんじゅっぷん	よんじゅうごふん	ごじゅっぷん	ごじゅうごふん	なんぷん

 새로 나온 단어

今日 오늘   何月何日 몇 월 며칠   何曜日 무슨 요일

예 今<ruby>何時<rt>なんじ</rt></ruby>ですか。
지금 몇 시입니까?

예 <ruby>日本語作文<rt>にほんごさくぶん</rt></ruby>の<ruby>授業<rt>じゅぎょう</rt></ruby>は<ruby>何時<rt>なんじ</rt></ruby>からですか。
일본어 작문 수업은 몇 시부터입니까?

6 〜から〜まで　〜에서 〜까지

예 <ruby>勤務時間<rt>きんむじかん</rt></ruby>は、<ruby>9時<rt>くじ</rt></ruby>から<ruby>5時<rt>ごじ</rt></ruby>までです。
근무 시간은 9시부터 5시까지입니다.

<ruby>会議<rt>かいぎ</rt></ruby>は<ruby>2時<rt>にじ</rt></ruby>から<ruby>3時半<rt>さんじはん</rt></ruby>までです。
회의는 2시부터 3시 반까지입니다.

作文 작문　　授業 수업　　勤務時間 근무 시간　　会議 회의

な형용사

好（す）きだ 좋아하다 ⇔ 嫌（きら）いだ 싫어하다
上手（じょうず）だ 잘하다, 능숙하다 ⇔ 下手（へた）だ 서툴다, 못하다
便利（べんり）だ 편리하다 ⇔ 不便（ふべん）だ 불편하다
簡単（かんたん）だ 간단하다 ⇔ 複雑（ふくざつ）だ 복잡하다
静（しず）かだ 조용하다
にぎやかだ 번화하다, 떠들썩하다
親切（しんせつ）だ 친절하다
丈夫（じょうぶ）だ 튼튼하다
大丈夫（だいじょうぶ）だ 괜찮다
きれいだ 깨끗하다, 예쁘다
大好（だいす）きだ 매우 좋아하다
暇（ひま）だ 한가하다
元気（げんき）だ 건강하다
まじめだ 성실하다, 진지하다
有名（ゆうめい）だ 유명하다
新鮮（しんせん）だ 신선하다
大変（たいへん）だ 큰일이다, 힘들다

1 　な형용사 용법

1 | A 　このスントゥブ、おいしいですね。
　　B 　この店は韓国でいちばん有名な店です。

2 | A 　彼は親切ではありませんでしたか。
　　B 　いいえ、親切な人でしたよ。

3 | A 　彼はまじめな人ですか。
　　B 　はい、まじめでやさしい人です。

2 　시간과 요일

4 | A 　今何時ですか。
　　B 　4時半です。

5 | A 　今日は何曜日ですか。
　　B 　月曜日です。

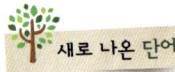
새로 나온 단어

スントゥブ 순두부　　まじめだ 성실하다

연습문제

1 당신의 생일은 몇 월 며칠입니까? 또 친구의 생일은 언제입니까?

① あなたの誕生日

　　　　　　月　　　　　　　　　　日

② 友だちの誕生日

　　　　　　月　　　　　　　　　　日
　　　　　　月　　　　　　　　　　日

2 다음 시계를 보고 (　) 안에 시간을 적어 주세요.

①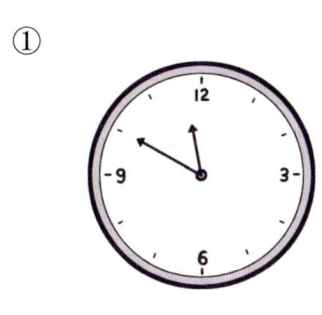

(　　　　　　)

②

(　　　　　　)

③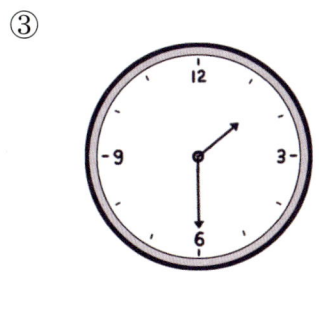

(　　　　　　)

④

(　　　　　　)

3 다음 일본어를 한국어로 바꾸세요.

① きれいな曲(きょく)ですね。

_____

② 今何時(いまなんじ)ですか。

_____

4 다음 히라가나를 한자로, 한자를 히라가나로 바꾸세요.

① 有名　_____　　② 店　_____

③ 童謡　_____　　④ しずか　_____か

⑤ しんせつ　_____　　⑥ きんようび　_____

5 다음 음성을 듣고 답해 보세요.　　　　　　　🔊 Track **27**

① _____

② _____

③ _____

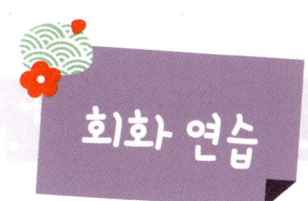

회화 연습

❋ 두 사람이 짝이 되어 밑줄 친 부분의 단어를 바꿔 말해 봅시다.　　　　　Track 28

1

Ⓐ 今、何時ですか。
Ⓑ ⓐ１０時２５分です。
Ⓐ ありがとうございます。

1. ⓐ ３時４５分
2. ⓐ ５時１０分
3. ⓐ _____

Track 29

2

Ⓐ ⓐお誕生日はいつですか。
Ⓑ ⓑ７月４日です。

1. ⓐ 卒業式　　　ⓑ ２月１１日
2. ⓐ 入学式　　　ⓑ ３月２日
3. ⓐ _____　ⓑ _____

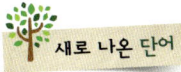

卒業式 졸업식　　　入学式 입학식

독해 연습

✽ 다음 글을 읽고 질문에 답해 보세요.

미카가 소라에게 생일 카드를 보냈습니다.

> ソラ、お誕生日おめでとうございます。
> ソラは、いつも明るくて元気ですね。
> そして、日本語も本当に上手です。
> 私は親切でやさしいソラが好きです。
> これからもよろしくおねがいします。
>
> 夏目みか

1 미카는 소라를 어떤 성격의 사람이라고 생각하고 있습니까?

_____

2 소라의 일본어는 어떻습니까?

_____

いつも 언제나, 항상	明るい 밝다	元気だ 건강하다
そして 그리고	上手だ 잘하다, 능숙하다	やさしい 상냥하다, 다정하다
好きだ 좋아하다	これからも 앞으로도	

일본의 축하 행사

한국이나 일본 모두 축하하는 행사가 많이 있습니다. 대표적인 것을 예를 들어 보면 생일, 어린이날, 입학식, 졸업식, 성인식, 결혼식 등입니다. 그러나, 한국과 일본이 다른 것도 있습니다. 가령, 한국에서는 입학식이 3월에 있으나, 일본에서는 4월입니다. 졸업식도 한국은 2월이지만, 일본은 3월에 합니다. 그리고, 한국에서의 어린이날은 5월 5일로, 여자 어린이, 남자 어린이 모두 축하하죠. 그러나, 일본에서는 3월 3일에 「히나마쓰리(ひなまつり)」 「모모노셋쿠(ももの節句)」가 있어, 이 날은 여자아이의 성장을 축하하고, 행복을 기원합니다. 5월 5일을 「고도모노히(子どもの日)」라고 하여 어린이의 인격을 존중하고 행복을 기원하는 날로, 남자아이가 있는 집에서는 「고이노보리(鯉のぼり)」를 세우고 무사인형 등으로 장식을 합니다. 또한, 일본에서는 어머니의 날이 5월의 두 번째 일요일이며, 아버지의 날은 6월의 세 번째 일요일로, 각각 축하를 합니다.

06 今日はパンにします

학습 포인트
1 동사의 분류　　2 동사의 ます형　　3 ～と～、どちらにしますか
4 ～は～にします

신출단어

いただく	먹다(食べる의 겸양어)	～ます	～합니다
どうぞ	어서 드세요	パン	빵
～と	～와(과)	ごはん	밥
～にする	～으로 하다	～ますか	～합니까?
じゃあ	그럼	目玉焼き	계란 프라이
作る	만들다	え	어(감탄사)
目玉	눈알	焼く	굽다
もうひとつ	하나 더		

회화

사카모토 씨 댁에서 소라가 아침식사를 하고 있습니다.

ソラ　　　　いただきます。

坂本まさこ　どうぞ。パンとごはん、どちらにしますか。

ソラ　　　　今日はパンにします。

坂本まさこ　じゃあ、目玉焼きを作りますね。

ソラ　　　　え、めだま……。目玉？

坂本まさこ　卵ですよ。

坂本まみ　　私も目玉焼きにします。

坂本まさこ　じゃあ、もうひとつ焼きますね。

Question

1. 소라는 오늘 아침 빵을 먹었습니까?
2. 「目玉焼き」라는 것은 어떤 음식입니까?

문법과 문형

1 동사의 분류

1그룹동사 : 「る」로 끝나지 않는 모든 동사 (-u, -ku, -gu, -su, -tu, -nu, -bu, -mu)
　　　　　　「る」로 끝나지만, 「る」 앞에 あ단, う단, お단이 오는 동사
　　　　　　(*예외 : 「切る」「知る」「帰る」와 같은 동사는 형식은 2그룹동사이지만,
　　　　　　　활용은 1그룹동사와 같이 합니다.
2그룹동사 : 「る」로 끝나지만, 「る」 앞에 い단, え단이 오는 동사 (-iru, -eru)
3그룹동사(불규칙동사) : 来る, する (2개밖에 없으니 외워 둡시다.)

1그룹동사	買う(사다)　書く(쓰다)　泳ぐ(헤엄치다)　話す(이야기하다) 待つ(기다리다)　死ぬ(죽다)　遊ぶ(놀다)　読む(읽다)　売る(팔다)
2그룹동사	見る(보다)　起きる(일어나다)　食べる(먹다)　寝る(자다)
3그룹동사	来る(오다)　する(하다)

2 동사의 ます형

동사의 「ます형」 만드는 법
1그룹동사 : 동사의 어미 う(u)단을 い(i)단으로 바꾸고 ます를 붙인다.
2그룹동사 : 동사의 어미 る(ru)가 탈락시키고 ます를 붙인다.
3그룹동사(불규칙 활용) : する → します　来る → きます

	기본형	현재・미래 긍정	현재・미래 부정	과거 긍정	과거 부정
1그룹동사	読む	読みます	読みません	読みました	読みませんでした
2그룹동사	見る	見ます	見ません	見ました	見ませんでした
3그룹동사	来る する	来ます します	来ません しません	来ました しました	来ませんでした しませんでした

예　毎朝新聞を読みます。　매일 아침 신문을 읽습니다.

예　先週の日曜日は、家で映画を見ました。
지난주 일요일에는 집에서 영화를 봤습니다.

예　明日は学校に来ません。　내일은 학교에 오지 않습니다.

예　ソラはメールを書きませんでした。
소라는 메일을 쓰지 않았습니다.

3 〜と〜、どちらにしますか　〜와 〜 중에 어느 쪽으로 합니까?

예　やきそばとたこやき、どちらにしますか。
야키소바와 다코야키 중에 어느 쪽으로 합니까?

예　赤と緑、どちらにしますか。
빨강이랑 초록 중에 어느 쪽으로 합니까?

4 〜は〜にします　〜은(는) 〜으로 하겠습니다.

예　私は、みそラーメンにします。
저는 된장라면으로 하겠습니다.

예　ぼくは、ジュースにします。
저는 주스로 하겠습니다.

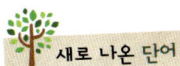 새로 나온 단어

毎朝 매일 아침　　新聞 신문　　先週 지난주　　家 집
映画 영화　　メール 메일　　やきそば 야키소바　　たこやき 다코야키
赤 빨강　　緑 초록　　みそラーメン 된장라면

1 동사의 ます형

1 | Ⓐ きのうも新聞を読みましたか。
　 Ⓑ いいえ、きのうは読みませんでした。

2 | Ⓐ きのうは何時ごろ家に着きましたか。
　 Ⓑ 2時に着きました。

2 선택

1 | Ⓐ 肉と魚、どちらにしますか。
　 Ⓑ 今日は魚にします。

2 | Ⓐ スパゲッティとうどん、どちらにしますか。
　 Ⓑ 私はスパゲッティにします。

3 | Ⓐ コーヒーと紅茶、どちらにしますか。
　 Ⓑ 私は紅茶にします。

새로 나온 단어

きのう 어제　　　　～ごろ ~경, ~무렵　　　着く 도착하다　　　肉 고기
魚 물고기, 생선　　うどん 우동　　　　　コーヒー 커피　　　紅茶 홍차

1 다음 제시하는 말 중에서 하나를 골라 ( ) 안에 써 넣으세요.

ⓐ にします   ⓑ 食事(しょくじ)

① ハナ　すしとすきやき、どちらにしますか。
　 まみ　私(わたし)はすしにします。
　 ハナ　じゃ、私(わたし)もすし（　　　　　）。

2 다음 표는 동사의 ます형입니다. 빈칸에 알맞은 말을 써 넣으세요.

	뜻	동사의 종류	～ます	～ました	～ません	～ませんでした
読(よ)む	읽다	1그룹동사	読(よ)みます	読(よ)みました	読(よ)みません	読(よ)みませんでした
書(か)く						
遊(あそ)ぶ						
泳(およ)ぐ						
買(か)う						
食(た)べる						
見(み)る						
来(く)る						
する						

새로 나온 단어

食事(しょくじ) 식사　　　　すし 초밥　　　　すきやき 스키야키

3 다음 일본어를 한국어로 바꾸세요.

① パンとごはん、どちらにしますか。

_____

② きのうは本を読みませんでした。
　　　　　　ほん　よ

_____

4 다음 히라가나를 한자로, 한자를 히라가나로 바꾸세요.

① 今日 _____　　② めだま _____

③ つくる _____る　　④ 魚 _____

⑤ たまご _____　　⑥ 着く _____く

5 다음 음성을 듣고 답해 보세요.　　　　　　🔊 Track **31**

① _____

② _____

③ _____

회화 연습

🌸 두 사람이 짝이 되어 밑줄 친 부분의 단어를 바꿔 말해 봅시다.   🔊 Track 32

1

Ⓐ きのうは何時ごろ学校に来ましたか。

Ⓑ きのうはⓐ3時に来ました。

Ⓐ じゃあ、あしたは何時ごろ来ますか。

Ⓑ あしたはⓑ3時半に来ます。

1. ⓐ 4時　　　　　　　ⓑ 2時45分
2. ⓐ 1時　　　　　　　ⓑ 5時20分
3. ⓐ _____　　　ⓑ _____

🔊 Track 33

2

Ⓐ ⓐうどんとそば、どちらにしますか。

Ⓑ えーと、私はⓑそばにします。

Ⓐ じゃ、私もそうします。

1. ⓐ コーヒーとジュース　　ⓑ コーヒー
2. ⓐ 和食と中華　　　　　　ⓑ 和食
3. ⓐ _____　　　　　ⓑ _____

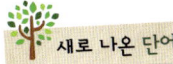

そば 메밀국수　　　　えーと 그러니까　　　　そう 그렇게　　　　和食 일식
中華 중국 요리, 중화 요리

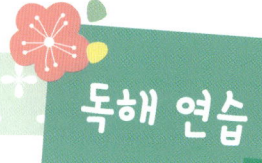

독해 연습

❋ 다음 글을 읽고 질문에 답해 보세요.

마미의 블로그

> 今日、すごくかわいいキャンディーを見つけました。 ＼(＾＾)／
> とてもあまいキャンディーです。
> 渋谷のマライにありました。

1 마미가 발견한 사탕은 어떤 맛입니까?

_____

2 마미는 사탕을 어디에서 발견했습니까?

_____

| キャンディー 사탕 | 見つける 찾다, 발견하다 | とても 매우, 대단히 | 渋谷 시부야(지명) |
| マライ 마라이(가게 이름) | | | |

일본의 식사 매너

한국에서는 식사를 할 때에 젓가락과 숟가락을 사용하며, 밥과 국은 그릇을 식탁 위에 둔 채 숟가락을 사용해서 먹지요? 그러나, 일본에서는 보통 목재로 된 젓가락만을 사용하여 식사를 하고, 밥을 먹을 때나 미소시루(みそ汁, 된장국)을 먹을 때에는 그릇을 손에 들고 먹고, 국은 그릇에 직접 입을 대고 먹습니다. 하지만, 일본에서도 카레나 볶음밥을 먹을 때에는 스푼을 사용합니다.

또한, 술을 마실 때, 한국에서는 윗어른이 앞에 계실 때에는 몸을 약간 돌려 마시도록 합니다만, 일본에서는 그러한 습관은 없습니다.

그리고, 일본에서는 젓가락 사용법에 관한 매너가 많은데, 「요세바시(寄せばし), 사시바시(刺しばし), 마요이바시(迷いばし), 네부리바시(ねぶりばし)」 등은 매너에 어긋나는 것으로 여겨지고 있습니다. 이렇게 여러 차이가 있는 것 같습니다. 한국에서는 일본식 식사를 「일식」이라고 합니다만, 일본에서는 「和食」라고 말합니다. 일본식 방을 「和室」라고 말하는 것과도 비슷합니다.

 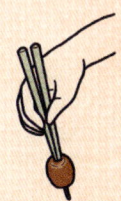  

요세바시	寄せばし	젓가락으로 그릇을 자신의 쪽으로 끌어당기는 것
사시바시	刺しばし	음식에 젓가락을 푹 찔러서 먹는 것
마요이바시	迷いばし	그릇 위에서 어떤 음식을 먹을지 젓가락으로 왔다갔다 하는 것
네부리바시	ねぶりばし	식사를 하면서 젓가락 끝을 핥는 것

07 アニメーションを見に行きませんか

학습 포인트
1 ～が好きだ／嫌いだ　　2 ～に行きませんか　　3 ～たい
4 どんな～　　5 ～ましょう

신출단어

アニメ	애니메이션	大好きだ	아주 좋아하다
今度	다음 번, 이번	アニメーション	애니메이션
～に行く	～하러 가다	～ませんか	～하지 않겠습니까?
わあ	와아(감탄사)	～たい	～하고 싶다
どんな	어떤	となりのトトロ	이웃집 토토로
それなら	그거라면	図書館	도서관
みんなで	모두 함께, 다함께	～ましょう	～하죠, ～합시다

회화

Track 34

애니메이션 동아리방에서, 이소라와 나카자와 선생님이 이야기를 하고 있습니다.

ソラ　　　私、日本のアニメが大好きです。

先生　　　そうですか。
　　　　　じゃあ、今度アニメーションを見に行きませんか。

ソラ　　　わあ、行きたいです。

先生　　　ソラさんは、どんなアニメが好きですか。

ソラ　　　「となりのトトロ」が好きです。

先生　　　それなら、図書館にありますよ。
　　　　　みんなで見ましょう。

ソラ　　　はい。

Question

1. 소라는 선생님과 함께 영화관에 갔습니까?
2. 소라는 어떤 애니메이션을 좋아합니까?

문법과 문형

1. 〜が好きだ / 嫌いだ 〜을(를) 좋아하다 / 싫어하다

한국어에서는 "야구를 좋아하다/싫어하다"와 같이 '좋아하다/싫어하다' 앞에 조사 '을(를)'을 붙이지만, 일본어에서는 「アニメが好きだ / 嫌いだ」와 같이 「好きだ / 嫌いだ」 앞에 「が」를 붙입니다.

> 예
> 私はてんぷらが好きです。 저는 튀김을 좋아합니다.
> 私はサッカーが嫌いです。 저는 축구를 싫어합니다.

2. 〜に行きませんか 〜(하)러 가지 않겠습니까?

> 예
> 日曜日にお祭りに行きませんか。
> 일요일에 축제를 보러 가지 않겠습니까?
>
> ラーメンを食べに行きませんか。
> 라면을 먹으러 가지 않겠습니까?

3. 〜たい 〜하고 싶다

「〜たい」는 무언가를 하고 싶어 하는 마음을 나타내는 희망 표현입니다.

> 예
> 私はいろいろな国の料理が食べたいです。
> 저는 여러 나라의 요리를 먹고 싶습니다.
>
> 沖縄で何を買いたいですか。
> 오키나와에서 무엇을 사고 싶습니까?

4　どんな〜　어떤 〜

예
山田(やまだ)さんは、どんな動物(どうぶつ)が好(す)きですか。
야마다 씨는 어떤 동물을 좋아합니까?

金(キム)さんは、どんな人(ひと)が好(す)きですか。
김 씨는 어떤 사람을 좋아합니까?

5　〜ましょう　〜하죠, 〜합시다

상대방에게 뭔가를 권유하거나 제안할 때 사용합니다.

예
週末(しゅうまつ)にテニスをしましょう。
주말에 테니스를 합시다.

3時(さんじ)から5時(ごじ)まで休(やす)みましょう。
3시부터 5시까지 쉽시다.

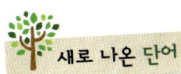
새로 나온 단어

てんぷら 튀김　　　　サッカー 축구　　　　嫌(きら)いだ 싫어하다　　　お祭(まつ)り 축제
いろいろだ 여러 가지이다　国(くに) 나라, 국가　　料理(りょうり) 요리　　　　沖縄(おきなわ) 오키나와(지명)
買(か)う 사다　　　　動物(どうぶつ) 동물　　　週末(しゅうまつ) 주말　　　テニス 테니스
休(やす)む 쉬다

1 권유 표현

1 | Ⓐ 明日、映画を見に行きませんか。
　　Ⓑ 行きます。

2 | Ⓐ 日曜日にTデパートに行きませんか。
　　Ⓑ いいですよ。

3 | Ⓐ 土曜日の午後、原宿に行きませんか。
　　Ⓑ そうしましょう。

2 희망 표현

4 | Ⓐ デザインの仕事がしたいです。
　　Ⓑ 私は建築の仕事がしたいです。

5 | Ⓐ 今度の連休に大阪に行きたいです。
　　Ⓑ 私はイギリスに行きたいです。

 새로 나온 단어

デパート 백화점　　原宿 하라주쿠(지명)　　デザイン 디자인　　仕事 일, 직업
建築 건축　　　　　連休 연휴　　　　　　大阪 오사카(지명)　　イギリス 영국

연습문제

1 다음 제시하는 말 중에서 하나를 골라 ( ) 안에 써 넣으세요.

ⓐ どんな　　ⓑ 好きです　　ⓒ 行きませんか　　ⓓ なりたい

① Ⓐ 日曜日に美術館に（　　　）。
　 Ⓑ いいですよ。行きましょう。

② Ⓐ 私は研究者に（　　　）です。
　 Ⓑ 私もです。

③ Ⓐ 私は韓国の映画が（　　　）。
　 Ⓑ 私はフランスの映画が好きです。

④ Ⓐ （　　　）スポーツが好きですか。
　 Ⓑ 私は水泳が好きです。

 새로 나온 단어

美術館 미술관　　　研究者 연구자　　　フランス 프랑스　　　スポーツ 스포츠
水泳 수영

2 다음 일본어를 한국어로 바꾸세요.

① ソラさんは、どんなアニメが好きですか。

_____

② 私は映画を見に行きたいです。

_____

3 다음 히라가나를 한자로, 한자를 히라가나로 바꾸세요.

① 今度　　_____　　② としょかん　　_____

③ 大阪　　_____　　④ 仕事　　_____

⑤ ごご　　_____　　⑥ しゅうまつ　　_____

4 다음 음성을 듣고 답해 보세요.　　　　　　　　　　🔊 Track **35**

① _____

② _____

③ _____

회화 연습

✽ 두 사람이 짝이 되어 밑줄 친 부분의 단어를 바꿔 말해 봅시다.　　　　　Track 36

1

Ⓐ 明日ⓐ演劇を見に行きませんか。
Ⓑ ⓑどんな演劇ですか。
Ⓐ ⓒレ・ミゼラブルはどうですか。
Ⓑ いいですね。行きたいです。

1. ⓐ コンサートを見る　　ⓑ 誰のコンサート　　ⓒ 嵐
2. ⓐ 絵を見る　　　　　　ⓑ 誰の絵　　　　　　ⓒ ゴッホ
3. ⓐ _____　　ⓑ _____　　ⓒ _____

Track 37

2

Ⓐ 私はⓐ日本語の先生になりたいです。
Ⓑ そうですか。がんばってくださいね。
Ⓐ はい、がんばります。

1. ⓐ 通訳
2. ⓐ ソムリエ
3. ⓐ _____

새로 나온 단어

演劇 연극	レ・ミゼラブル 레미제라블	コンサート 콘서트	嵐 아라시(남자 아이들 그룹)
絵 그림	ゴッホ 고흐	～になる ～이(가) 되다	がんばる 열심히 하다
通訳 통역	ソムリエ 소믈리에		

독해 연습

✳ 다음 글을 읽고 질문에 답해 보세요.

유이의 메시지

> みか
> 今度の連休に韓国に行きませんか。
> 韓国でおいしいキムチと焼肉を食べたいです。
> それから、エバーランドにも行きたいです。
> みかはどんな所へ行きたいですか。
> また明日学校で話しましょう。
>
> ゆい。

1 유이는 언제 한국에 가고 싶다고 생각하고 있습니까?

_____

2 유이는 한국에서 어디에 가고 싶어 합니까?

_____

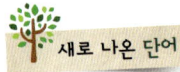
새로 나온 단어

キムチ 김치　　　焼肉 불고기　　　それから 그리고 나서　　　エバーランド 에버랜드
所 곳, 장소　　　～へ ～에, ～로　　　また 또, 다시

일본의 마쓰리(축제)

일본에서는 홋카이도(北海道)에서 규슈(九州)에 이르기까지 각지에서 많은 마쓰리(祭り)가 개최됩니다. 시기도 봄, 여름, 가을, 겨울 다양합니다. 마쓰리(祭り)에는 신이나 부처를 모시어 풍작을 기원하는 것이나, 가을에 수확을 감사하는 것도 있습니다만, 요즘은 관광용도 적지 않은 것 같습니다. 대표적인 마쓰리(祭り)로는 홋카이도(北海道) 삿포로(札幌)의 유키 마쓰리(雪祭り), 아오모리(青森)의 네부타 마쓰리(ねぶた祭), 아키타(秋田)의 간토 마쓰리(竿燈まつり), 센다이(仙台)의 다나바타 마쓰리(七夕祭), 도쿄(東京)의 산쟈 마쓰리(三社祭), 기후(岐阜)의 다카야마 마쓰리(高山祭), 교토(京都)의 기온 마쓰리(祇園祭)나 아오이 마쓰리(葵祭), 오사카(大阪)의 덴진 마쓰리(天神祭), 후쿠오카(福岡)의 하카타 돈타쿠(博多どんたく) 등이 있습니다. 그리고, 마쓰리 날에는 여러 포장마차가 나오는 것도 하나의 즐거움입니다. 야키소바(焼きそば), 다코야키(たこ焼き), 와타아메(綿飴, 솜사탕), 린고아메(リンゴ飴)와 주스, 라무네(ラムネ) 등 외에도, 긴교스쿠이(金魚すくい, 금붕어 뜨기), 요요, 와나게(輪投げ, 고리 던지기) 등도 있어서, 어린이들도 충분히 즐길 수 있습니다. 또, 여름 마쓰리에는 유카타(ゆかた)를 입고 외출하는 사람도 많은 것 같습니다.

08 タクシー乗り場はどこですか

학습 포인트
1 すみません
2 〜はどこですか
3 동사의 て형
4 동사의 た형
5 〜たら

신출단어

すみません	실례합니다, 죄송합니다	タクシー乗り場	택시 정류장
〜はどこですか	〜는 어디입니까?	駅員	역무원
改札	개찰, 개찰구	出る	나오다, 나가다
〜て	〜하고, 〜해서	右	오른쪽
方	쪽, 방향	〜たら	〜하면
伊勢屋	이세야(명칭)	歩く	걷다
遠い	멀다	ありがとうございました	고마웠습니다

회화

Track 38

이소라가 역에서 택시 정류장을 찾고 있습니다.

ソラ　　すみません、タクシー乗り場はどこですか。

駅員　　改札を出て、右の方に行ったらありますよ。

ソラ　　ありがとうございます。
　　　　伊勢屋デパートは遠いですか。

駅員　　伊勢屋デパートは歩いて５、６分です。

ソラ　　あ、そうですか。
　　　　じゃあ、歩いて行きます。
　　　　ありがとうございました。

Question

1. 택시 정류장은 어디에 있습니까?
2. 이세야 백화점은 역에서 걸어서 몇 분 정도 걸립니까?

문법과 문형

1. すみません 죄송합니다, 감사합니다, 실례합니다

「すみません」은 사과할 때, 감사할 때, 부탁할 때 등에 모두 쓸 수 있는 매우 편리한 말입니다.

예
遅れてすみません。
늦어서 죄송합니다.

いつもすみません。
늘 감사합니다.

2. ～はどこですか ～는(은) 어디입니까?

「～はどこですか」는 장소를 묻는 표현입니다.

예
あのう、１００円ショップはどこですか。
저기, 100엔샵은 어디입니까?

すみません。トイレはどこですか。
실례합니다. 화장실은 어디입니까?

3 동사의 て형   ~하고, ~해서

「동사의 て형」은 두 문장을 한 문장으로 연결하는 역할을 합니다.

동사의 종류	만드는 방법	동사의 て형
1그룹동사	어미 う・つ・る ➡ って	買(か)う ➡ 買(か)って 待(ま)つ ➡ 待(ま)って 売(う)る ➡ 売(う)って
	어미 ぬ・ぶ・む ➡ んで	死(し)ぬ ➡ 死(し)んで 遊(あそ)ぶ ➡ 遊(あそ)んで 読(よ)む ➡ 読(よ)んで
	어미 く ➡ いて 어미 ぐ ➡ いで 예외	書(か)く ➡ 書(か)いて 泳(およ)ぐ ➡ 泳(およ)いで 行(い)く ➡ 行(い)って
	어미 す ➡ して	話(はな)す ➡ 話(はな)して
2그룹동사	어미 る ➡ て	見(み)る ➡ 見(み)て 食(た)べる ➡ 食(た)べて
3그룹동사	불규칙 활용을 한다.	来(く)る ➡ 来(き)て する ➡ して

예 改札(かいさつ)を出(で)て左(ひだり)の方(ほう)に行(い)ってください。
개찰구를 나와서 왼쪽 방향으로 가 주세요.

学校(がっこう)は歩(ある)いて5分(ごふん)くらいです。
학교는 걸어서 5분 정도입니다.

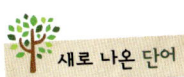
새로 나온 단어

遅(おく)れる 늦다, 늦어지다   100円(ひゃくえん)ショップ 100엔 숍   トイレ 화장실   左(ひだり) 왼쪽
~く(ぐ)らい ~정도

4　동사의 た형　~했다

「동사의 た형」은 과거나 완료를 나타냅니다. 만드는 법은 「동사의 て형」과 같습니다.

동사의 종류	기본형	동사의 ます형	동사의 て형	동사의 た형
1그룹동사	買う	買います	買って	買った
	待つ	待ちます	待って	待った
	売る	売ります	売って	売った
	書く	書きます	書いて	書いた
	泳ぐ	泳ぎます	泳いで	泳いだ
	行く	行きます	行って	行った
	死ぬ	死にます	死んで	死んだ
	遊ぶ	遊びます	遊んで	遊んだ
	読む	読みます	読んで	読んだ
	話す	話します	話して	話した
2그룹동사	見る	見ます	見て	見た
	起きる	起きます	起きて	起きた
	食べる	食べます	食べて	食べた
	寝る	寝ます	寝て	寝た
3그룹동사	来る	来ます	来て	来た
	する	します	して	した

예　昨日は午前1時に寝た。
　　어제는 오전 1시에 잤다.

　　今日は図書館で日本語の勉強をした。
　　오늘은 도서관에서 일본어 공부를 했다.

5 〜たら ~하면

「〜たら」는 가정을 나타내는 표현으로, 질문한 사람의 희망을 이룰 수 있는 방법을 나타낼 때 사용합니다.

예 この道をまっすぐ行ったら左側にあります。
이 길을 곧장 가면 왼쪽에 있습니다.

この試験は問題集を勉強したら合格します。
이 시험은 문제집을 공부하면 합격합니다.

午前 오전 　　道 길 　　まっすぐ 똑바로, 곧장 　　左側 좌측, 왼쪽
問題集 문제집 　　合格する 합격하다

체크

1 「すみません」의 다양한 의미 – 의뢰와 요구, 감사와 사과

1 | A すみません。新宿駅までお願いします。
　　B 新宿駅ですね。わかりました。

2 | A すみません。清水寺はどこですか。
　　B あそこです。

3 | A これ、旅行のお土産です。
　　B まあ、いつもすみません。

4 | A 履修届けは昨日まででしたよ。
　　B すみません。

2 가정 (～たら)

5 | A 法隆寺はどこにありますか。
　　B この道をまっすぐ行ったらあります。

새로 나온 단어

新宿駅 신주쿠 역　　お願いする 부탁하다　　わかる 알다, 이해하다　　清水寺 기요미즈데라
旅行 여행　　お土産 토산품, 선물　　まあ 어머(감탄사)　　履修届け 수강 신청
法隆寺 호류지

연습문제

1 다음 제시하는 말 중에서 하나를 골라 (　) 안에 써 넣으세요.

ⓐ どこですか　　ⓑ すみません　　ⓒ 前に　　ⓓ たら

① Ⓐ　(　　　　)。スーパーマーケットはどこですか。
　 Ⓑ　あそこです。

② Ⓐ　スカイツリーは遠いですか。
　 Ⓑ　はい。歩い(　　　　)３０分くらいかかります。

③ Ⓐ　すみません。コンビニは(　　　　)。
　 Ⓑ　そこです。

④ Ⓐ　すみません。「三ツ谷駅」はどこですか。
　 Ⓑ　交番の(　　　　)あります。

スーパーマーケット 슈퍼마켓　　　スカイツリー 스카이트리　かかる (시간이) 걸리다
コンビニ 편의점　　三ツ谷駅 미쓰야 역　　交番 파출소

2 다음 일본어를 한국어로 바꾸세요.

① すみません、タクシー乗り場はどこですか。

_____

② まっすぐ行ったら、右にあります。

_____

3 다음 히라가나를 한자로, 한자를 히라가나로 바꾸세요.

① 改札 _____   ② でる _____る

③ あるく _____く   ④ 旅行 _____

⑤ 駅員 _____   ⑥ とおい _____い

4 다음 음성을 듣고 답해 보세요.　　　　　　　🔊 Track **39**

① _____

② _____

③ _____

회화 연습

✽ 두 사람이 짝이 되어 밑줄 친 부분의 단어를 바꿔 말해 봅시다.

Track **40**

1

ⓐ すみません、ⓐ代々木までお願いします。

Ⓑ ⓑ代々木ですね。わかりました。

1. ⓐ 品川
2. ⓐ 羽田空港
3. ⓐ ＿＿＿＿＿＿＿

Track **41**

2

Ⓐ すみません、ⓐ学生相談室はどこですか。

Ⓑ ⓑまっすぐ行ったらありますよ。

Ⓐ ありがとうございます。

1. ⓐ 学生課　　　　ⓑ そこを右にまがったら
2. ⓐ 学食　　　　　ⓑ そこを左にまがったら
3. ⓐ ＿＿＿＿＿＿　ⓑ ＿＿＿＿＿＿

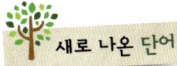 새로 나온 단어

代々木 요요기(역명)　　品川 시나가와(역명)　　羽田空港 하네다 공항　　学生相談室 학생 상담실
学生課 학생과　　　　 まがる 돌다, 구부러지다　　学食 학생 식당

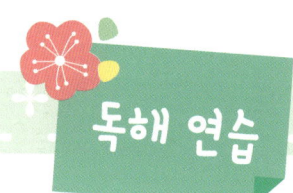

독해 연습

✻ 다음 글을 읽고 질문에 답해 보세요.

日本語の「すみません」は、謝罪を表す言葉です。
しかし、お礼の言葉にも、「ありがとうございます」のほかに「すみません」があります。
また、レストランの店員さんを呼ぶときにも「すみません！」と言います。
「すみません」は本当に便利な言葉です。

1 일본어의 「すみません」은 어떤 기분을 나타내는 말입니까?

_____

2 레스토랑의 종업원을 부를 때는 뭐라고 합니까?

_____

謝罪 사죄, 사과　　表す 나타내다　　言葉 말　　しかし 그러나
お礼 사례(의 말)　　ほか 외, 밖　　レストラン 레스토랑　　店員さん 점원, 종업원
呼ぶ 부르다　　～とき ～때　　～と ～라고　　言う 말하다

일본인과 자전거

자전거는 일본인의 생활에 있어서 빠질 수 없는 것입니다. 학교에 갈 때, 슈퍼에 갈 때 등, 많은 사람들이 자전거를 이용하고 있습니다. 유치원 때는 조그만 세발 자전거를 타고 놀며, 초등학교에 들어가면 어린이용 보조 바퀴가 달린 자전거를 탑니다. 이 자전거를 졸업하면 드디어 어른용 자전거로 옮겨 타는 단계를 밟아가는 사람이 많습니다. 저의 일본에 있는 집 부근에도 휴일이 되면 이웃집에 사는 이제 막 초등학교에 들어간 지 얼마 안 되는 남자아이가 어린이용 자전거를 타고, 유치원에 다니는 여동생은 세발 자전거를 타고 놀고 있는 모습을 자주 봅니다. 저도 초등학교 2학년 때, 학교 운동장에서 어른용 자전거 타는 연습을 했습니다만, 처음에는 넘어지기만 하였습니다. 그래도 열심히 연습해서 마침내 탈 수 있게 되자, 정말로 편리해졌습니다. 일요일에 사이클을 타거나, 친구와 함께 한 번도 가 본 적 없는 길을 달리며 탐험가가 된 기분이 되기도 하였습니다. 이후, 중학교와 고등학교를 자전거로 통학하였고, 자전거는 저의 생활에 있어서는 빠질 수 없는 것이 되어 버렸습니다.

09 スポーツの中では何がいちばん好きですか

학습 포인트
1 ～の中で～がいちばん
2 ～より
3 ～ことがある / ない
4 ～と同じだ
5 ～から
6 ～ている

신출단어

中（なか）	가운데, 중	同じだ（おな）	같다
一緒に（いっしょ）	함께, 같이	試合（しあい）	시합
出る（で）	나가다	～ことがある	～(한) 적이 있다
ぼく	나	～より	～보다
野球（やきゅう）	야구	近い（ちか）	가깝다
～から	～이기 때문에	毎日（まいにち）	매일
練習する（れんしゅう）	연습하다	～ている	～하고 있다

회화

사카모토 씨 댁에서 사카모토 신이치와 아들인 사토루, 야마모토 유이가 TV를 보고 있습니다.

しんいち スポーツの中では何がいちばん好きですか。

ゆい テニスが好きです。

しんいち じゃあ、まみと同じですね。

ゆい まみと一緒に試合に出たことがあります。

しんいち そうですか。

ゆい さとるもテニスが好きですか。

さとる ぼくはテニスより野球が好きです。
試合が近いから、毎日練習しています。

ゆい がんばってください。

1. 유이는 어떤 스포츠를 좋아합니까?
2. 사토루는 어떤 스포츠를 좋아합니까?

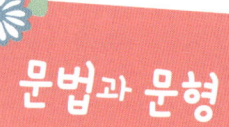

문법과 문형

1. 〜の中で〜がいちばん　　～ 중에서 ～을(를) 가장

예
私は韓国料理の中で、焼肉がいちばん好きです。
저는 한국 요리 중에서 불고기를 가장 좋아합니다.

日本料理の中で、すしがいちばんおいしいです。
일본 요리 중에서 초밥을 가장 맛있습니다.

2. 〜より　　～보다 (비교)

예
文化部より運動部に入りたいです。
문화부보다 운동부에 들어가고 싶습니다.

営業の仕事より事務仕事がしたいです。
영업직보다 사무직을 하고 싶습니다.

3. 〜ことがある / ない　　～한 적이 있다 / 없다 (경험)

예
日本で就職したことがあります。
일본에서 취직한 적이 있습니다.

私は九州に行ったことがないです。
저는 규슈에 간 적이 없습니다.

새로 나온 단어

韓国料理 한국 요리　　日本料理 일본 요리　　文化部 문화부　　運動部 운동부
入る 들어가다　　営業 영업　　事務仕事 사무직　　就職する 취직하다
九州 규슈(지역명)　　ない 없다

4 〜と同じだ　〜과(와) 같다

예　私と同じですね。　저와 같네요.
　　彼と同じですね。　그와 같네요.

5 〜から　〜이므로, 〜이기 때문에 (이유)

「〜から」는 이유를 나타내는 접속조사로, 앞에 오는 것 때문에 뒤에 오는 일이 일어난다는 것을 나타냅니다.

예　遅いからもう帰ります。　늦었기 때문에 이제 돌아갑니다.
　　お腹が痛いから病院に行きます。　배가 아파서 병원에 갑니다.

6 〜ている　〜하고 있다

「〜ている」는 동사의「て」형에「いる」가 붙은 것으로, 습관적인 행동을 나타내고 있다.

예　毎日2時間、日本語の勉強をしています。
　　매일 2시간, 일본어 공부를 하고 있습니다.

　　スピーチコンテストがあるから、毎日練習しています。
　　스피치 콘테스트가 있기 때문에 매일 연습하고 있습니다.

새로 나온 단어

遅い 늦다, 늦어지다	もう 이미, 벌써	帰る 돌아가다, 돌아오다	お腹 배
痛い 아프다	病院 병원	スピーチコンテスト 스피치 콘테스트	

체크

1 최상급 표현

1 | Ⓐ くだものの中で何がいちばん好きですか。
　　Ⓑ スイカがいちばん好きです。

2 비교 표현

2 | Ⓐ 夏と冬ではどちらが好きですか。
　　Ⓑ 冬より夏の方が好きです。

3 | Ⓐ 私はサッカーよりテニスが好きです。
　　Ⓑ 私もです。

3 경험 표현

4 | Ⓐ この動物園に来たことがありますか。
　　Ⓑ はい、あります。

5 | Ⓐ このアニメ、見たことがありますか。
　　Ⓑ いいえ、見たことがありません。

새로 나온 단어

| くだもの 과일 | スイカ 수박 | 夏 여름 | 冬 겨울 |

動物園 동물원

1 다음 제시하는 말 중에서 하나를 골라 ( ) 안에 써 넣으세요.

ⓐ こと　　ⓑ いちばん　　ⓒ より　　ⓓ から

① 先生　ソラさんはスポーツの中で何が（　　　）好きですか。
　ソラ　私は、サッカーがいちばん好きです。

② ハナ　私は、スキーが好きです。
　　　　大きな大会にも出た（　　　）があります。
　先生　すごいですね。

③ りく　ぼくは、野球（　　　）サッカーが好きです。
　先生　そうですか。

④ ゆい　仕事が終わった（　　　）もう帰ります。
　ソラ　私も帰ります。

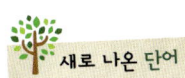

| スキー 스키 | 大きな 큰, 커다란 | 大会 대회 | すごい 대단하다, 굉장하다 |
| 終わる 끝나다 | もう 이제 | | |

2 다음 일본어를 한국어로 바꾸세요.

① ぼくはテニスより野球が好きです。

_____

② 試合に出たことがあります。

_____

3 다음 히라가나를 한자로, 한자를 히라가나로 바꾸세요.

① 一緒　_____　　② 夏　_____

③ 動物園　_____　　④ おなじ　_____じ_____

⑤ れんしゅう　_____　　⑥ まいにち　_____

4 다음 음성을 듣고 답해 보세요.　　　　　　　　　　🔊 Track **43**

① _____

② _____

③ _____

회화 연습

※ 두 사람이 짝이 되어 밑줄 친 부분의 단어를 바꿔 말해 봅시다.

Track **44**

1

ⓐ スポーツの中で何がいちばん好きですか。
ⓑ 私は ⓐテコンドー がいちばん好きです。

1. ⓐ フェンシング
2. ⓐ バドミントン
3. ⓐ _____

Track **45**

2

ⓐ 私は ⓐレスリング より ⓑ野球 が好きです。
ⓑ 私も ⓑ野球 が好きです。

1. ⓐ 柔道   ⓑ 剣道
2. ⓐ スケート   ⓑ スキー
3. ⓐ _____   ⓑ _____

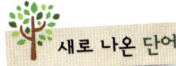

テコンドー 태권도   フェンシング 펜싱   バドミントン 배드민턴   レスリング 레슬링
柔道 유도   剣道 검도   スケート 스케이트

※ 다음 글을 읽고 질문에 답해 보세요.

> あなたは動物の中で何がいちばん好きですか。
> 犬ですか、猫ですか。
> 私は犬より猫が好きです。
> 日本では最近、ペットを飼う人が増えました。
> また、犬との良好な関係が健康によいことを書いた本もあります。

1 일본에는 최근 어떤 사람이 늘어났습니까?

_____

2 일본에는 어떤 것을 적은 책이 있습니까?

_____

最近 최근, 요즘	ペット 애완동물	飼う 기르다	増える 늘어나다, 증가하다
良好だ 양호하다	関係 관계	健康 건강	よい 좋다
こと 것	書く 쓰다		

일본인의 여가 보내는 방법

당신은 휴일에 무엇을 하며 지냅니까? 『레저 백서 2011』에서 여가 활동 종목을 보면, 일본인의 여가 활동 종목 1위는 드라이브라고 합니다. 2위는 국내 관광 여행(피서, 피한, 온천 등), 3위는 외식(일상적인 것은 제외), 4위는 영화(TV는 제외), 5위는 동물원, 식물원, 수족관, 박물관입니다. 그 뒤를 이어, 6위 음악 감상(CD, 레코드, 테이프, FM 등), 7위 가라오케(노래방), 8위 비디오 감상(렌탈 포함), 9위 복권, 10위 비디오 게임으로 이어집니다. 긴 휴가인 경우에는 해외 여행을 하는 사람도 많은 것 같습니다만, 한류 붐을 타고 한국 여행을 오는 사람도 상당히 있는 것 같습니다. 제 친구 중에는 "맛있는 김치를 먹고 싶어서, 주말을 이용해 한국에 왔어"라는 사람도 있습니다. 이렇듯, 서로 언제든지 가볍게 왕래할 수 있는 것은 멋진 일이라고 생각합니다. 하네다 출발, 김포공항 도착 비행기가 아침 8시 30분에 출발하는 편이 있어서 10시 50분에는 김포공항에 도착하므로, 한국에서 하루를 효율적으로 사용할 수 있으므로 매우 인기가 있다고 합니다.

10 スプーンは使わないんですか

학습 포인트
1 동사의 ない형
2 ～ときに
3 ～ではどうですか
4 ～と違う
5 そうですね
6 ～が

신출단어

みそ汁	된장국	飲む	마시다
～ときに	～(할) 때에	スプーン	스푼, 숟가락
使う	사용하다	～ない	～하지 않다
～んです	～하는 겁니다	箸	젓가락
～だけ	～만, ～뿐	違う	다르다, 틀리다
お椀	국그릇	持つ	들다, 갖다
～で	～으로(수단)	そうですね	그렇습니다
似る	비슷하다, 닮다	～が	～지만
多い	많다		

회화

Track 46

이소라가 사카모토 신이치 씨와 저녁 식사를 하면서 이야기하고 있습니다.

ソラ 日本では、みそ汁を飲むときにスプーンは使わないんですか。

しんいち はい、スプーンは使いません。
箸だけを使います。
韓国ではどうですか。

ソラ 韓国では、スプーンを使います。
便利ですから。

しんいち 日本と違いますね。
日本では、お椀を持って箸で食べます。

ソラ そうですね。
韓国と日本は、似ていますが、違うところも多いですね。

Question

1. 일본에서는 된장국을 마실 때 숟가락을 사용합니까?
2. 한국에서는 국을 먹을 때 숟가락을 사용합니까?

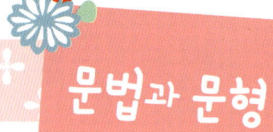

1. 동사의 ない형

「동사의 ない형」은 부정형으로 동사에 따라 활용 방법이 다릅니다.

동사의 종류	만드는 방법	동사의 ない형
1그룹동사	「동사의 ます형」의 마지막 음인 い단인 음을 あ단으로 바꾸고 ない를 붙인다. 단, あいます, かいます와 같이 い로 끝나는 것은 あ가 아니라 わ로 바꾼다.	買う ➡ 買います ➡ 買わない 待つ ➡ 待ちます ➡ 待たない 売る ➡ 売ります ➡ 売らない 死ぬ ➡ 死にます ➡ 死なない 遊ぶ ➡ 遊びます ➡ 遊ばない 読む ➡ 読みます ➡ 読まない 書く ➡ 書きます ➡ 書かない 泳ぐ ➡ 泳ぎます ➡ 泳がない 話す ➡ 話します ➡ 話さない
2그룹동사	「동사의 ます형」에서 ます를 빼고 ない를 붙인다.	見る ➡ 見ます ➡ 見ない 食べる ➡ 食べます ➡ 食べない
3그룹동사		来る ➡ 来ます ➡ 来ない する ➡ します ➡ しない

「～んです」은 근거, 원인, 이유 등의 설명을 강조할 때 사용하는 표현으로, 구어체에서는 「～んです」를 많이 사용하고, 문어체에서는 「～のです」를 많이 사용합니다.

예 カレーを食べるとき、箸は使わないんですか。
카레를 먹을 때 젓가락은 사용하지 않습니까?

テレビは見ないんですか。
텔레비전은 보지 않습니까?

2　〜ときに　〜(할) 때에

예　日本では、ご飯を食べる<u>ときに</u>スプーンは使いません。
　　일본에서는, 밥을 먹을 때에 숟가락은 사용하지 않습니다.

　　日本に行く<u>ときに</u>、そのカバンが必要です。
　　일본에 갈 때에 그 가방이 필요합니다.

3　〜ではどうですか　〜에서는 어떠세요?

예　中国<u>ではどうですか</u>。
　　중국의 경우는 어떠세요?

　　家<u>ではどうですか</u>。
　　집에서는 어떻습니까?

4　〜と違う　〜과(와) 다르다

예　韓国<u>と違います</u>ね。
　　한국과 다르네요.

　　私<u>と違います</u>ね。
　　저와 다르네요.

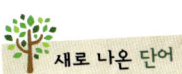

| カレー 카레 | テレビ TV, 텔레비전 | ご飯 밥 | 必要だ 필요하다 |

5 そうですね 그렇지요

예

Ⓐ 英会話（えいかいわ）は難（むずか）しいですね。
영어 회화는 어렵네요.

Ⓑ そうですね。
그렇지요.

Ⓐ 今日（きょう）は暑（あつ）いですね。
오늘은 덥네요.

Ⓑ そうですね。
그렇지요.

6 〜が 〜지만

예

今（いま）は雨（あめ）が降（ふ）っていますが、明日（あした）は晴（は）れるでしょう。
지금은 비가 내리고 있지만, 내일은 개겠죠.

日本語（にほんご）の勉強（べんきょう）は楽（たの）しいですが、少（すこ）し難（むずか）しいです。
일본어 공부는 즐겁지만, 조금 어렵습니다.

새로 나온 단어

難（むずか）しい 어렵다　　雨（あめ） 비　　降（ふ）る (눈·비 등이) 내리다　　〜でしょう 〜겠죠
晴（は）れる 개다, 맑다　　楽（たの）しい 즐겁다　　少（すこ）し 조금

일본의 음식(日本の食べ物)

초밥(すし)

튀김(てんぷら)

생선회(さしみ)

라면(ラーメン)

다코야키(たこやき)

오코노미야키(お好み焼き)

메밀국수(そば)

우동(うどん)

스키야키(すき焼き)

아침밥(朝ごはん)

가쓰돈(カツ丼)

주먹밥(おにぎり)

체크

1 정보를 요구하다

1 | Ⓐ 韓国では人も車も右側通行です。日本ではどうですか。
  Ⓑ 日本では人は右、車は左です。

2 | Ⓐ 韓国には「先生の日」があります。日本ではどうですか。
  Ⓑ 日本にはありません。

2 동의

3 | Ⓐ 日本語は他の外国語よりやさしいですね。
  Ⓑ そうですね。

4 | Ⓐ 中国語の四声は難しいですね。
  Ⓑ そうですね。

5 | Ⓐ 韓国ドラマは、本当におもしろいですね。
  Ⓑ そうですね。

새로 나온 단어

車 차, 자동차　　右側通行 우측 통행　　先生の日 스승의 날　　他の 다른
外国語 외국어　　やさしい 쉽다　　中国語 중국어　　四声 사성
ドラマ 드라마

연습문제

1 다음 제시하는 말 중에서 하나를 골라 (　) 안에 써 넣으세요.

ⓐ どうですか　　ⓑ 使います　　ⓒ そうですね　　ⓓ 違い

① まさこ　韓国ではご飯を食べるときにスプーンを使いますか。
　 ソラ　　はい、（　　　　　）。

② まみ　　日本では４月に学校が始まります。
　 ソラ　　そうですか。韓国と（　　　　　）ますね。
　　　　　韓国では３月に始まります。

③ まみ　　日本には母の日と父の日があります。
　　　　　韓国では（　　　　　）。
　 ソラ　　韓国には父母の日があります。

④ まみ　　韓国の映画は本当におもしろいですね。
　 みか　　（　　　　　）。本当におもしろいです。

새로 나온 단어

母の日 어머니날　　父の日 아버지날　　父母の日 어버이날

115

2 다음 일본어를 한국어로 바꾸세요.

① スプーンは使わないんですか。

_____

② 違うところも多いですね。

_____

3 다음 히라가나를 한자로, 한자를 히라가나로 바꾸세요.

① 外国語 _____ ② べんり _____

③ 持つ _____つ   ④ 似る _____る

⑤ 車 _____   ⑥ おおい _____い

4 다음 음성을 듣고 답해 보세요.   ◀Track **47**

① _____

② _____

③ _____

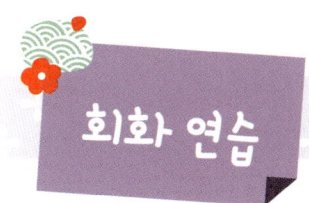

회화 연습

✽ 두 사람이 짝이 되어 밑줄 친 부분의 단어를 바꿔 말해 봅시다.　　Track 48

1

Ⓐ 日本では ⓐ<u>みそ汁</u>を飲むときにスプーンは使わないんですか。

Ⓑ はい、スプーンは使いません。
日本では、箸で食べます。

1. ⓐ わかめスープ
2. ⓐ お吸い物
3. ⓐ ＿＿＿＿＿＿＿

Track 49

2

Ⓐ ここの ⓐ<u>スントゥブ</u>は本当においしいですね。

Ⓑ そうですね。
私もここの ⓐ<u>スントゥブ</u>が大好きです。

1. ⓐ ラーメン
2. ⓐ 焼肉
3. ⓐ ＿＿＿＿＿＿＿

わかめスープ 미역국　　お吸い物 맑은 장국

독해 연습

✳ 다음 글을 읽고 질문에 답해 보세요.

> 日本人の友だちの中には、毎日いろいろな国の料理を食べている人がいます。そんな友人も日本の家庭料理の中では、肉じゃががいちばん好きです。肉じゃがは、牛肉または豚肉とジャガイモやたまねぎを醤油や砂糖で煮た料理です。肉じゃがを食べるときも箸だけを使って食べます。韓国と日本の食文化は違うところも多いです。

1 일본인 친구가 좋아하는 가정요리는 무엇입니까?

_____

2 「肉じゃが」라는 것은 어떤 요리입니까?

_____

새로 나온 단어

そんな 그런	友人 친구	家庭料理 가정요리	肉じゃが 니쿠자가
牛肉 소고기	または 또는	豚肉 돼지고기	ジャガイモ 감자
たまねぎ 양파	醤油 간장	砂糖 설탕	煮る 삶다
食文化 음식문화			

일본의 목욕 문화

한국과 일본은 비슷한 점도 많이 있고, 다른 점도 있습니다. 목욕 문화도 그 중 하나입니다.
먼저, 한국의 아파트는 대부분 욕실과 화장실 혹은 샤워와 화장실이 같은 공간에 있습니다만, 일본 가정에서는 욕실과 화장실은 각각 다른 장소에 있는 것이 일반적입니다. 다만, 호텔 같은 곳에서는 같은 공간에 있습니다. 그리고, 한국인 친구의 말에 의하면 평소에는 샤워만 하고, 욕조에 목욕물을 받아 몸을 담그는 경우는 많지 않다고 합니다. 그러나, 일본에서는 욕조 밖에서 몸을 씻고, 욕조 속 목욕물에 몸을 푹 담가서 하루의 피로를 푸는 사람이 거의 대부분이라 생각합니다. 이것은 습기가 많은 일본의 기후와도 관계가 있는 것인지도 모르겠습니다. 욕조 물에 입욕제를 넣어, 집에서도 유명 온천에 간 듯한 기분을 맛볼 수도 있고, 다양한 향을 즐길 수도 있습니다. 또한 집에서 목욕할 때에도 대중탕(銭湯)이나 온천에서처럼, 온 가족이 욕조 물을 같이 사용하는 습관이 있는데, 이러한 일본의 목욕 문화에 익숙하지 않은 외국사람들에게는 불편하게 느껴지는 점도 있는 것 같습니다.

부록 1 회화 해석 및 Question 정답

02 はじめまして、イ・ソラです

회화 해석

나카자와 선생님	여러분, 이쪽은 유학생인 이소라 씨입니다.
이소라	처음 뵙겠습니다.
	제 이름은 이소라입니다.
	아무쪼록 잘 부탁합니다.
야마모토 유이	이소라 씨는 일본학과입니까?
이소라	네, 그렇습니다.
야마모토 유이	잘 부탁합니다.
이소라	저야말로 잘 부탁합니다.

Question 정답

1 留学生の名前は、イ・ソラさんです。
   유학생의 이름은 이소라 씨입니다.
2 留学生は、日本学科です。
   유학생은 일본학과입니다.

03 先生、おはようございます

회화 해석

소라·유이	선생님, 안녕하세요.
선생님	안녕.
	오늘은 일찍 오네요.
소라	아침에 영어 회화 시험이 있습니다.
선생님	그렇습니까? 힘내세요.
유이	네, 감사합니다.
선생님	아, 교문 앞에 다키모토 씨가 있어요.
유이	거기에 나쓰메 씨도 있나요?
선생님	있어요.

Question 정답

1 英会話の試験があります。
   영어 회화 시험이 있습니다.
2 滝本さんと夏目さんがいます。
   다키모토 씨와 나쓰메 씨가 있습니다.

04 かわいくて安いですね

회화 해석

점원	어서 오세요.
소라	흰 펌프스는 있습니까?
점원	이것은 어떻습니까?
소라	귀엽네요. 얼마입니까?
점원	이것은 5000엔입니다.
	20% 할인입니다.
소라	싸다!
	귀엽고 싸네요.
	이것을 주세요.
점원	감사합니다.

Question 정답

1 白いパンプスです。
   흰 펌프스입니다.
2 5000円の靴です。
   5000엔짜리 구두입니다.

05 きれいな曲ですね

회화 해석

사카모토 신이치	소라 씨, 생일 축하해요.
	이거 선물이에요.
소라	감사합니다.
	아, 오르골. 예쁜 곡이네요.

사카모토 신이치	일본 동요예요.
소라	감사합니다.
	그런데, 아버님의 생일은 언제입니까?
사카모토 신이치	8월 28일 금요일이에요.
소라	파티는 몇 시부터인가요?
사카모토 신이치	오후 6시부터 8시까지입니다.

Question 정답

1 坂本(さかもと)しんいちさんです。
  사카모토 신이치 씨입니다.
2 日本(にほん)の童謡(どうよう)です。
  일본 동요입니다.

06 今日はパンにします

회화 해석

소라	잘 먹겠습니다.
사카모토 마사코	드세요. 빵과 밥, 어느 쪽으로 하겠습니까?
소라	오늘은 빵으로 하겠습니다.
사카모토 마사코	그럼, 계란 프라이를 만들게요.
소라	음, 메다마……. 눈알?
사카모토 마사코	계란이에요.
사카모토 마미	저도 계란 프라이로 할게요.
사카모토 마사코	그럼, 하나 더 구울게요.

Question 정답

1 はい、パンを食(た)べました。
  네, 빵을 먹었습니다.
2 卵(たまご)を焼(や)いた料理(りょうり)です。
  계란을 구운 요리입니다.

07 アニメーションを見に行きませんか

회화 해석

소라	저는 일본 애니메이션을 매우 좋아합니다.
선생님	그렇습니까?
	그럼, 다음 번에 애니메이션을 보러 갈까요?
소라	와아, 가고 싶어요.
선생님	소라 씨는 어떤 애니메이션을 좋아합니까?
소라	「이웃집 토토로」를 좋아합니다.
선생님	그거라면 도서관에 있어요.
	모두 같이 봅시다.
소라	네.

Question 정답

1 いいえ、行(い)きませんでした。
  아니요, 가지 않았습니다.
2 「となりのトトロ」が好(す)きです。
  「이웃집 토토로」를 좋아합니다.

08 タクシー乗り場はどこですか

회화 해석

소라	실례합니다, 택시 정류장은 어디입니까?
역무원	개찰구를 나가서, 오른쪽으로 가면 있어요.
소라	고맙습니다.
	이세야 백화점은 먼가요?
역무원	이세야 백화점은 걸어서 5, 6분입니다.
소라	아, 그렇습니까?
	그럼, 걸어서 가겠습니다.
	고마웠습니다.

Question 정답

1 改札(かいさつ)を出(で)て、右(みぎ)の方(ほう)に行(い)ったらあります。
  개찰을 나가서 오른쪽에 가면 있습니다.
2 歩(ある)いて5、6分(ろくぷん)かかります。
  걸어서 5, 6분 걸립니다.

09 スポーツの中では何がいちばん好きですか

회화 해석

신이치	스포츠 중에서 무엇(어떤 것)을 가장 좋아합니까?
유이	테니스를 좋아합니다.
신이치	그럼, 마미와 같네요.
유이	마미와 함께 시합에 나간 적이 있어요.

신이치　그렇습니까?
유이　사토루도 테니스를 좋아하나요?
사토루　저는 테니스보다 야구를 좋아합니다.
　　　　시합이 가깝기 때문에 매일 연습하고 있습니다.
유이　열심히 하세요.

Question 정답

1　ゆいさんはテニスが好きです。
　　유이 씨는 테니스를 좋아합니다.
2　さとるさんは野球が好きです。
　　사토루 씨는 야구를 좋아합니다.

10 スプーンは使わないんですか

회화 해석

소라　일본에서는, 된장국을 먹을 때 숟가락은 사용하지 않나요?
신이치　네, 숟가락은 사용하지 않아요.
　　　　젓가락만 사용해요.
　　　　한국은 어떤가요?
소라　한국에서는 숟가락을 사용해요.
　　　편리하니까.
신이치　일본과 다르네요.
　　　　일본에서는 국그릇을 손에 들고 젓가락으로 먹어요.
소라　그렇군요.
　　　한국과 일본은 닮은 것 같지만, 다른 부분도 많네요.

Question 정답

1　いいえ、使いません。
　　아니요, 사용하지 않습니다.
2　はい、使います。
　　네, 사용합니다.

부록 2 연습문제 및 회화 연습·독해 연습 정답

02 はじめまして、イ・ソラです

연습문제

1 ① ⓑ
   ② ⓒ
   ③ ⓓ
   ④ ⓔ

2 ① 처음 뵙겠습니다, 이소라입니다.
   ② 아무쪼록 잘 부탁드립니다.

3 ① かいしゃいん
   ② 学生
   ③ ちゅうごくがっか
   ④ 私
   ⑤ にほんがっか
   ⑥ 国文科

4 ① あなたは山本さんですか。
   [답안 예] はい、そうです。
   　　　　 いいえ、そうではありません。
   　　　　 私は○○です。
   ② あなたは２年生ですか。
   [답안 예] はい、そうです。
   　　　　 いいえ、そうではありません。
   　　　　 私は○年生です。
   ③ あなたは日本学科ですか。
   [답안 예] はい、そうです。
   　　　　 いいえ、そうではありません。
   　　　　 私は○○学科です。

회화 연습

1

1 Ⓐ はじめまして。小林チエです。
   　 よろしくおねがいします。
   Ⓑ 滝本つよしです。
   　 こちらこそ、よろしくおねがいします。

2 Ⓐ はじめまして。キム・ユンジです。
   　 よろしくおねがいします。

   Ⓑ 坂本まみです。
   　 こちらこそ、よろしくおねがいします。

2

1 Ⓐ 中野さんは心理学科ですか。
   Ⓑ はい、そうです。
2 Ⓐ 中村さんは経営学科ですか。
   Ⓑ はい、そうです。

독해 연습

1 いいえ、韓国の人です。
   아니요, 한국인입니다.

2 キム・ヨンジュさんです。
   김영주 씨입니다.

03 先生、おはようございます

연습문제

1 ① ⓐ
   ② ⓒ
   ③ ⓔ
   ④ ⓓ
   ⑤ ⓑ

2 ① 소라, 나쓰메, 안녕.
   ② 교문 앞에 야마모토 씨가 있습니다.

3 ① あさ
   ② しけん
   ③ 会話
   ④ もん
   ⑤ 先生
   ⑥ 前

4 ① あなたは今どこにいますか。
   [답안 예] ○○にいます。
   ② 校門の前にコンビニがありますか。
   [답안 예] はい、あります。
   　　　　 いいえ、ありません。

123

③ 今日、試験がありますか。
답안 예 はい、あります。
　　　　いいえ、ありません。

회화 연습

1

1 Ⓐ 箱の外に何がいますか。
　Ⓑ 子犬がいます。

2 Ⓐ かごの中に何がいますか。
　Ⓑ 鳥がいます。

2

1 Ⓐ 机の下に何がありますか。
　Ⓑ かばんがあります。

2 Ⓐ 机の横に何がありますか。
　Ⓑ 窓があります。

독해 연습

1 漢字のテストがあります。
　한자 테스트가 있습니다.

2 範囲は3課です。
　범위는 3과입니다.

04 かわいくて安いですね

연습문제

1 ① ⓒ
　② ⓓ
　③ ⓑ
　④ ⓐ

2 ① 이 책은 얼마입니까?
　② 이것은 어떻습니까?

3 ① あつい
　② 黒い
　③ 白い
　④ やすい
　⑤ たかい
　⑥ かるい

4 ① あなたの靴はいくらですか。
　답안 예 私の靴は○○ウォンです。
　② あなたのスマートフォンは高かったですか。
　답안 예 はい、高かったです。

いいえ、高くなかったです。安かったです。
③ 日本語の授業はおもしろいですか。
답안 예 はい、おもしろいです。
　　　　いいえ、おもしろくないです。

회화 연습

1

1 Ⓐ このさしみ、いくらですか。
　Ⓑ そちらは、8000円です。
　Ⓐ え～、高いですね。

2 Ⓐ このくつ、いくらですか。
　Ⓑ そちらは、10000円です。
　Ⓐ え～、高いですね。

2

1 Ⓐ あのう、てぶくろはありますか。
　Ⓑ こちらにありますよ。
　Ⓐ えっと、かわいくて安いてぶくろもありますか。
　Ⓑ ありますよ。

2 Ⓐ あのう、スカーフはありますか。
　Ⓑ こちらにありますよ。
　Ⓐ えっと、長くてあたたかいスカーフもありますか。
　Ⓑ ありますよ。

독해 연습

1 ピンクのセーターです。
　분홍색의 스웨터입니다.

2 リボンがかわいくて、あたたかいセーターです。
　리본이 귀엽고, 따뜻한 스웨터입니다.

05 きれいな曲ですね

연습문제

1 ① ○月○日
　② ○月○日
　　○月○日

2 ① 11時50分
　② 5時45分
　③ 1時30分
　④ 7時

3　① 예쁜 곡이네요.
　　② 지금 몇 시입니까?

4　① ゆうめい
　　② みせ
　　③ どうよう
　　④ 静か
　　⑤ 親切
　　⑥ 金曜日

5　① あなたの誕生日はいつですか。
　　답안 예 ○月○日です。
　　② 今何時ですか。
　　답안 예 ○時○分です。
　　③ 日本語の授業は何時から何時までですか。
　　답안 예 ○時から○時までです。

회화 연습

1

1　Ⓐ 今、何時ですか。
　　Ⓑ 3時45分です。
　　Ⓐ ありがとうございます。

2　Ⓐ 今、何時ですか。
　　Ⓑ 5時10分です。
　　Ⓐ ありがとうございます。

2

1　Ⓐ 卒業式はいつですか。
　　Ⓑ 2月11日です。
2　Ⓐ 入学式はいつですか。
　　Ⓑ 3月2日です。

독해 연습

1　ソラは、いつも明るくて元気です。ソラは、親切でやさしいです。
　　소라는 언제나 밝고 건강합니다. 소라는 친절하고 상냥합니다.

2　本当に上手です。
　　정말로 능숙합니다.

06 今日はパンにします

연습문제

1　ⓐ

2　※아래쪽 표 참조

3　① 빵과 밥, 어느 쪽으로 합니까?
　　② 어제는 책을 읽지 않았습니다.

4　① きょう
　　② 目玉
　　③ 作る
　　④ さかな
　　⑤ 卵
　　⑥ つく

5　① 明日学校に来ますか。
　　답안 예 はい、来ます。
　　　　　　いいえ、来ません。
　　② 昨日は何時ごろ家に着きましたか。
　　답안 예 ○時に着きました。
　　③ あなたは朝メールを書きましたか。
　　답안 예 はい、書きました。
　　　　　　いいえ、書きませんでした。

※ 연습문제 2 정답

	뜻	동사의 종류	～ます	～ました	～ません	～ませんでした
書く	쓰다	1그룹동사	書きます	書きました	書きません	書きませんでした
遊ぶ	놀다	1그룹동사	遊びます	遊びました	遊びません	遊びませんでした
泳ぐ	헤엄치다	1그룹동사	泳ぎます	泳ぎました	泳ぎません	泳ぎませんでした
買う	사다	1그룹동사	買います	買いました	買いません	買いませんでした
食べる	먹다	2그룹동사	食べます	食べました	食べません	食べませんでした
見る	보다	2그룹동사	見ます	見ました	見ません	見ませんでした
来る	오다	3그룹동사	来ます	来ました	来ません	来ませんでした
する	하다	3그룹동사	します	しました	しません	しませんでした

회화 연습

1

1　Ⓐ　きのうは何時ごろ学校に来ましたか。
　　Ⓑ　きのうは４時に来ました。
　　Ⓐ　じゃあ、あしたは何時ごろ来ますか。
　　Ⓑ　あしたは２時４５分に来ます。

2　Ⓐ　きのうは何時ごろ学校に来ましたか。
　　Ⓑ　きのうは１時に来ました。
　　Ⓐ　じゃあ、あしたは何時ごろ来ますか。
　　Ⓑ　あしたは５時２０分に来ます。

2

1　Ⓐ　コーヒーとジュース、どちらにしますか。
　　Ⓑ　えーと、私はコーヒーにします。
　　Ⓐ　じゃ、私もそうします。

2　Ⓐ　和食と中華、どちらにしますか。
　　Ⓑ　えーと、私は和食にします。
　　Ⓐ　じゃ、私もそうします。

독해 연습

1　とてもあまいです。
　　매우 답니다.

2　渋谷のマライにありました。
　　시부야의 마라이에 있었습니다.

07 アニメーションを見に行きませんか

연습문제

1　① ⓒ
　　② ⓓ
　　③ ⓑ
　　④ ⓐ

2　① 소라 씨는 어떤 애니메이션을 좋아합니까?
　　② 저는 영화를 보러 가고 싶습니다.

3　① こんど
　　② 図書館
　　③ おおさか
　　④ しごと
　　⑤ 午後
　　⑥ 週末

4　① 日曜日に映画を見に行きませんか。
　　답안 예　いいですね。行きましょう。
　　　　　　　日曜日はちょっと……。忙しいです。
　　② あなたは、どんな映画が好きですか。
　　답안 예　私は○○が好きです。
　　③ あなたはどんな仕事がしたいですか。
　　답안 예　私は○○がしたいです。

회화 연습

1

1　Ⓐ　明日コンサートを見に行きませんか。
　　Ⓑ　誰のコンサートですか。
　　Ⓐ　嵐はどうですか。
　　Ⓑ　いいですね。行きたいです。

2　Ⓐ　明日絵を見に行きませんか。
　　Ⓑ　誰の絵ですか。
　　Ⓐ　ゴッホはどうですか。
　　Ⓑ　いいですね。行きたいです。

2

1　Ⓐ　私は通訳になりたいです。
　　Ⓑ　そうですか。がんばってくださいね。
　　Ⓐ　はい、がんばります。

2　Ⓐ　私はソムリエになりたいです。
　　Ⓑ　そうですか。がんばってくださいね。
　　Ⓐ　はい、がんばります。

독해 연습

1　ゆいは、今度の連休に韓国に行きたいです。
　　유이는 이번 연휴에 한국에 가고 싶어 합니다.

2　ゆいは、エバーランドに行きたいです。
　　유이는 에버랜드에 가고 싶어 합니다.

08 タクシー乗り場はどこですか

연습문제

1　① ⓑ
　　② ⓓ
　　③ ⓐ
　　④ ⓒ

2　① 실례합니다. 택시 정류장은 어디입니까?
　　② 곧장 가면 오른쪽에 있습니다.

3　① かいさつ
　　② 出る
　　③ 歩く
　　④ りょこう
　　⑤ えきいん
　　⑥ 遠い

4　① あのう、図書館はどこにありますか。
　　답안 예 そちらにあります。
　　② すみません、タクシー乗り場はどこですか。
　　답안 예 まっすぐ行ったら右側にありますよ。
　　③ すみません。トイレはどこですか。
　　답안 예 あちらです。

회화 연습

1

1　Ⓐ すみません、品川までお願いします。
　　Ⓑ 品川ですね。わかりました。
2　Ⓐ すみません、羽田空港までお願いします。
　　Ⓑ 羽田空港ですね。わかりました。

2

1　Ⓐ すみません、学生課はどこですか。
　　Ⓑ そこを右にまがったらありますよ。
　　Ⓐ ありがとうございます。
2　Ⓐ すみません、学食はどこですか。
　　Ⓑ そこを左にまがったらありますよ。
　　Ⓐ ありがとうございます。

독해 연습

1　「すみません」は、謝罪やお礼を表す言葉です。
　　'스미마셍'은 사죄나 감사를 나타내는 말입니다.

2　「すみません！」と言います。
　　'스미마셍!'이라고 말합니다.

09 スポーツの中では何がいちばん好きですか

연습문제

1　① ⓑ
　　② ⓐ
　　③ ⓒ
　　④ ⓓ

2　① 저는 테니스보다 야구를 좋아합니다.
　　② 시합에 나간 적이 있습니다.

3　① いっしょ
　　② なつ
　　③ どうぶつえん
　　④ 同じ
　　⑤ 練習
　　⑥ 毎日

4　① あなたはスポーツの中で何がいちばん好きですか。
　　답안 예 私はテニスがいちばん好きです。
　　② あなたは日本に行ったことがありますか。
　　답안 예 はい、日本に行ったことがあります。
　　　　　　いいえ、日本に行ったことはありません。
　　③ あなたはくだものの中で何がいちばん好きですか。
　　답안 예 私はりんごがいちばん好きです。

회화 연습

1

1　Ⓐ スポーツの中で何がいちばん好きですか。
　　Ⓑ 私はフェンシングがいちばん好きです。
2　Ⓐ スポーツの中で何がいちばん好きですか。
　　Ⓑ 私はバドミントンがいちばん好きです。

2

1　Ⓐ 私は柔道より剣道が好きです。
　　Ⓑ 私も剣道が好きです。
2　Ⓐ 私はスケートよりスキーが好きです。
　　Ⓑ 私もスキーが好きです。

독해 연습

1　日本では最近、ペットを飼う人が増えました。
　　일본에서는 최근 애완동물을 기르는 사람이 늘었습니다.

2　犬との良好な関係が健康によいと書いた本があります。
　　개와의 양호한 관계가 건강에 좋다고 쓴 책이 있습니다.

10 スプーンは使わないんですか

연습문제

1. ① ⓑ
   ② ⓓ
   ③ ⓐ
   ④ ⓒ

2. ① 숟가락은 사용하지 않습니까?
   ② 다른 부분도 많네요.

3. ① がいこくご
   ② 便利
   ③ もつ
   ④ にる
   ⑤ くるま
   ⑥ 多い

4. ① 日本では人は右、車は左です。あなたの国ではどうですか。
   [답안 예] 韓国では、人も車も右側通行です。
   ② 日本では、ご飯を食べるときにスプーンは使いません。あなたの国ではどうですか。
   [답안 예] 韓国では、ご飯を食べるときにスプーンを使います。
   ③ 英会話は難しいですね。
   [답안 예] そうですね。

회화 연습

1

1. Ⓐ 日本ではわかめスープを飲むときにスプーンは使わないんですか。
   Ⓑ はい、スプーンは使いません。
   日本では、箸で食べます。

2. Ⓐ 日本ではお吸い物を飲むときにスプーンは使わないんですか。
   Ⓑ はい、スプーンは使いません。
   日本では、箸で食べます。

2

1. Ⓐ ここのラーメンは本当においしいですね。
   Ⓑ そうですね。
   私もここのラーメンが大好きです。

2. Ⓐ ここの焼肉は本当においしいですね。
   Ⓑ そうですね。
   私もここの焼肉が大好きです。

독해 연습

1. 「肉じゃが」です。
   '니쿠자카'입니다.

2. 「肉じゃが」は、牛肉または豚肉とジャガイモやたまねぎを醤油や砂糖で煮た料理です。
   '니쿠자가'는 소고기 또는 돼지고기와 감자랑 양파를 간장이랑 설탕으로 삶은 요리입니다.